KB214098

리더의 언어력

리더의 언어력

1쇄 발행	2025년 3월 14일
지은이	서정현
편 집	김정웅
디자인	롬디
마케팅	임동건
마케팅지원	김다혜
경영지원	이지원
펴낸곳	파지트
펴낸이	최익성
출판총괄	송준기
출판등록	2021-000049 호
주 소	경기도 화성시 동탄원천로 354-28
전 화	070-7672-1001
이메일	pazit.book@gmail.com
인스타	@pazit.book

© 서정현, 2025
ISBN   979-11-7152-080-0 03320

THE STORY FILLS YOU
책으로 펴내고 싶은 이야기가 있다면, 원고를 메일로 보내주세요.
파지트는 당신의 이야기를 기다리고 있습니다.

리더의 언어력

리 더 는 커 뮤 니 케 이 션 으 로 성 과 를 만 듭 니 다

서정현 지음

pazit

PROLOGUE

고민이 많은
현시대의 팀장님들

"내가 잘할 수 있을까?"

직장생활에서 제가 처음 받은 직책은 파트장이었습니다. 원하지 않게 직책이라는 것을 받았습니다. 경력 입사자로 근무하고 1년 동안 전 직장과 다른 업종, 조직문화, 일, 관계에 적응하고 성과를 만들고 보여주기 위해 바빴습니다. 그렇게 겨우 적응하고 있는데, '장'이라는 직책을 뒤에 붙여 주시더군요. 원하지는 않았지만, 좋았습니다. 그간의 노력이 인정받은 것 같았습니다. 그러고는 바로 걱정이 몰려왔습니다. '내가 잘할 수 있을까?'

신임 팀장 리더십 워크숍에서 만나는 팀장님들도 잘할 수 있을 지 걱정이 된다고 많이들 말씀하십니다. 1년 차 신임 팀장님만 그 럴까요? 2년 차 팀장님도 똑같이 말씀하시더라고요. "1년 해 봤는 데, 내년에는 잘할 수 있을까요?" 부서가 바뀌거나 팀원들이 바뀌 면 다시 생각하게 되는 듯합니다.

현장에서 팀장님들을 만나보면, 고민은 연차가 오래되었다고 끝나는 것이 아니더라고요. 매해 매 순간 생각이 많아지고, 고민 이 되고, 아무리 생각해도 정답은 없습니다. 경기는 정체되어 있 어도 목표는 항상 올라갑니다. 팀원이 50명 이상이어서 힘들고, 팀원이 1명이라서 고민입니다. 팀원이 없는 팀장도 많습니다. 나 이 차이가 아래로 많이 나는 경우에는 세대 차이를 이야기하고, 나 이 차이가 위로 많이 나면 고경력자 이야기를 합니다.

"회의나 면담 시 팀원이 많은 얘기를 할 수 있도록 편안한 분위기 를 만들고 싶은데, 제가 이끌어 나가야 하는 것이 부담이 됩니다."
"업무적으로 팀원을 더 성장시켜줘야 하는데, 제가 그런 능력이 부족합니다."
"자기 주장이 강하고 피드백이 수용되지 않는 구성원을 어떻게 관리해야 할지 모르겠어요."

"대체 어디까지가 갑질인가요?"

"걱정이 되는 팀원이 있습니다. 물어보면 다 괜찮다고 하는데… 정말 괜찮을까요?"

"팀장이 되기 싫어하는 분위기, 그래도 팀장이 될 수 있게 육성, 지원해야겠죠?"

"업무에 실수가 잦은, 그러나 성실한 팀원을 어떻게 하면 좋을까요?"

"면담을 싫어하는데, 꼭 해야 하나요?"

"팀원들끼리 사이좋게 만들려면 어떻게 해야 하나요?"

"팀장에게 바라는 점을 자연스럽게 팀원들이 얘기할 수 있게 하는 방법은 무엇인가요?"

"조언이 지속적으로 먹히지 않을 경우 지시로 넘어가는 시점(?)이 궁금해요."

제가 만난 팀장님들의 고민입니다. 딱 한 가지의 마법 같은 도구가 있지 않다는 것도 알지만, 어렵고 힘들기 때문에 마음속에 있던 질문과 고민을 밖으로 꺼냈다고 생각합니다.

"구성원과 1대1로 대화를 하는 것이 불편합니다. 꼭 해야 하나요?"라는 질문을 주신 팀장님의 표정은 의무감과 책임감, 긴장과 불편함으로 복잡해 보였습니다. 같은 공간에서 고개를 끄덕이는 다른 팀장님들의 표정도 잊을 수가 없습니다.

팀장님들에게 질문을 드리고, 기록하는 시간을 드렸습니다. "1대1로 대화하기 불편한 그를 떠올리며 생각해 보았으면 합니다. 나는 이 사람이 왜 불편할까?" 질문을 받은 팀장님들이 작은 포스트잇에 작성한 큰 마음을 공유합니다.

- 속 이야기를 하지 않기 때문에 설득이 어려움.
- 부정적인 의견이 많음.
- 나에게 말하지 않는 것이 있다.
- 예측하지 못한 반응이 있다.
- 개인적 친밀도를 형성하고 싶은데, 야박하게 선을 긋는다.
- 업무 스타일이 달라서 평행선을 달리는 기분이다.
- 직급에 맞지 않는 행동을 한다.
- 주어진 피드백에 응답이 없거나 반응이 모호하다.

작은 포스트잇에 자신의 생각을 기록하신 팀장님들은 포스트잇을 바라보며 깊은 생각에 빠진 듯했습니다. 제가 다시 질문을 드렸습니다. "구성원과 1대1로 대화하는 것이 불편합니다. 꼭 해야 하나요?" 그 자리에 계셨던 팀장님들이 대부분 이렇게 대답하셨습니다.

"해야겠네요."

"앞으로 더 불편하지 않으려면 꼭 해야겠네요."

"그 사람의 문제가 아니라 나의 문제를 보게 되네요."

"저도 잘하고 싶어서 그런 것 같습니다. 그 직원도 잘하고 싶었겠죠?"

어떻게 해야 할지 답을 찾아가는 과정이 어렵고, 복잡하고, 하기 싫을 수 있지만 답이 없는 것은 아닙니다. 갑자기 떠오른 답이 유일한 정답이 아닐 수는 있지만 그 상황에 필요한 해답이 될 수 있습니다. "나는 실패한 것이 아니다. 나는 효과가 없는 10,000개의 방법을 발견한 것뿐이다." 토마스 에디슨Thomas Edison의 유명한 말이 떠오릅니다.

리더로서 역할을 수행한다는 것은 꽤나 많은 커뮤니케이션을 해야 하는 것입니다. 말을 해서 문제가 되고, 안 해서 문제가 되고, 들어서 문제가 안 되고, 안 들어서 문제가 됩니다. 누구나 잘할 수 있다고 생각하지만, 결과적으로 잘 안되는 경우도 있습니다. 그래서 소통은 편하게 사용하는 단어이지만, 기본값은 불통입니다. 소통은 굉장히 애써야 가능한 것이고, 애쓴다고 항상 소통이 가능한 것도 아닙니다.

조직문화와 커뮤니케이션에 관심이 많아서 기록으로 남겼던 『THE커뮤니케이션』을 다양한 조직의 많은 분들이 관심 갖고 사랑해 주셨습니다. 이 책은 『THE커뮤니케이션』을 토양 삼아 리더 버전으로 새롭게 구성되었습니다. 리더십 워크숍 현장에서 만난 다양한 조직의 리더들과 나누었던 이야기를 담았습니다. 팀장님들의 실제 상황에 도움을 드리는 간접 경험 도서입니다.

이 책은 완벽하지 않습니다. 그렇게 친절하지도 않습니다. 아날로그 펜을 들고, 밑줄 긋고, 떠오르는 생각을 기록하면서 함께했으면 좋겠습니다. 현업에서 리더 역할을 하는 분들이 조직을 관리하고, 구성원의 성장을 지원하는 데 도움이 되었으면 좋겠습니다.

고맙습니다.

서정현

용어 합의

1. 커뮤니케이션(Communication), 대화(Dialogue)

   정보 교환, 관계 형성, 문제 해결의 공통점이 있으나, 대화의 기본은 양방향의 주고받음을 전제로 사용하고, 커뮤니케이션은 영향력의 행사, 일방향 정보 전달 등의 의미도 포함하여 표현합니다.

2. 리더

   직책자, 팀장의 의미를 담고 있으나 구성원을 이끄는 위치, 스스로를 리드하는 위치에 있는 사람도 포함합니다.

3. 파트너, 플레이어, 팔로워, 구성원

   조직의 구성원, 팀원이라는 의미를 담고 있으며 상황이나 문맥에 따라 다르게 표현합니다.

4. Emotion, 감성, 감정

   구체적인 의미는 모두 다르지만 마음 기준의 정서, 감정, 욕구 등을 반영하여 표현합니다. 뇌 기준은 이성, 논리, 합리 등으로 표현합니다.

목차

Part 1
Culture 문화

Part 2

Expression 표현

Part 3

Exploration 탐구

Part. 1

Culture
문화

1

커뮤니케이션으로
팀 근육을 만듭니다

일상생활에서 움직일 수 있는 것은 근육 덕분입니다. 근육량이 많을수록 일상생활이 편해지고, 자신감도 올라갑니다. 나이가 들면 근육량이 자연 감소하게 되는데, 근육량을 유지하기 위해 매일 조금씩이라도 근력 운동이 필요합니다. 규칙적인 운동이나 식단을 관리하고, 충분히 휴식을 하면서 근육량을 관리할 수 있습니다.

건강하게 생존하기 위한 근육은 꼭 인간의 몸에만 필요한 것은 아닙니다. 내가 소속된 조직에도 유연하고 탄력적인 근육이 필요합니다. 구성원 개개인이 가지고 있는 근육들이 모여서 팀 근육을

만들게 됩니다. 꼭 필요한 근육을 우리 팀에 만든다면 어떤 근육
을 만들고 싶은가요?

제일 처음 생각한 근육은 '목표를 달성하는 근육'입니다. 목표를
달성할 수 있는 근육이 구성원의 몸에 장착되고, 그것이 팀의 근육
이 된다고 생각하니 든든합니다. 만들 수 있을까요?

근력을 위해 기구 운동을 할 때 무게를 과하게 올리면 1세트도
제대로 못 하게 되는 경우가 있습니다. 반대로 너무 가볍게 하면
근력 운동이 아니라 관절 운동이 되는 경우도 있습니다. 목표 달
성 근육에는 목표가 중요한데, 목표를 너무 높게 세워서 근육이 끊
어지거나 목표를 너무 낮게 세워서 달성의 의미가 약해질 수도 있
겠다는 생각이 듭니다. 그리고 목표를 달성한다는 것은 개인의 순
수 노력으로만 가능한 것이 아닙니다. 고객, 환경도 연결되어 있
을 테니 노력의 범위를 벗어나겠네요. 내 몸의 근육을 만드는데,
무게를 너무 높게 치거나 낮게 치거나 트레이너만 쳐다본다고 되
는 것은 아니기 때문에 '목표를 달성하는 근육'은 만들기 힘들 것
같습니다.

그렇다면, 개인의 노력으로 만들 수 있는 근육은 무엇이 있을

까요?

친절 근육 어떠세요? 친절을 사전에서 찾아보니, '대하는 태도
가 매우 정겹고 고분고분함. 또는 그런 태도'라고 합니다. 구성원
들이 서로 간에 조금 더 부드럽게 대하면 편안함, 안정감, 안전감,
친밀감도 생길 듯합니다. 업무상 다른 관점과 의견을 가지고 있다
고 하더라도 배타적이거나 투쟁적인 행동을 보이는 것이 아니라,
자신의 의견을 더 정확하게 설명하면서 설득하는 과정 중에 납득
하는 일도 만들어질 것이라 예측해 봅니다.

협업 근육도 생각해 봅니다. 혼자 일하는 세상이 아닙니다. 힘
을 합쳐서 새로움을 만들 수 있으면 좋겠습니다. 여기에서 새로움
은 합작하여 만드는 결과물의 새로움도 있겠지만, 팀 단위 조직에
서는 결과물에만 국한되지 않습니다. 생산적인 시간을 늘리고, 지
식과 지혜가 공유되고, 경험을 논의하면서 한정된 자원을 잘 활용
하는 것을 생각해 봅니다. 서로를 이기고 넘어서야 하는 관계가
아니라, '우리가 함께 해냈다.', '우리가 함께 기여하고 있다.'라는
것을 눈빛으로 서로에게 말하는 것이 가능해집니다.

존중 근육은 어떤가요? 존중이란 귀하게 여기는 것입니다. 상

대를 있는 그대로 인정하는 것이죠. 구성원들이 서로를 귀하게 여기면 세대 차이, 고경력자 관리 등의 고민은 줄어들지 않을까요? 그냥 개인인 거죠. 서로를 그냥 다른 개인으로 받아들인다면 서로가 이해하기 위해 조금 더 깊이 있는 대화를 할 수 있을 것입니다. 존중 근육이 생기면 직급이나 연차가 아니라 역할과 직무로 연결될 수 있습니다.

균형이 중요합니다. 특정 근육이 과도하게 발달하게 되면, 근육 불균형으로 몸에 통증이나 기능적인 문제를 유발할 수 있습니다. 승모근이 과해지면 두통이나 어깨 결림이 생길 수 있고, 종아리 근육이 과도하게 발달하면 종아리가 뭉치거나 발목 통증이 올 수 있습니다. 근육이 생겼지만 오히려 문제가 생기는 상황입니다.

조직에 생겨서 문제가 되는 근육은 어떤 것이 있을까요? 경쟁 근육, 방해 근육, 무시 근육, 냉담 근육, 무례 근육, 고립 근육들이 생긴다고 상상해 봅니다. 생각만 해도 불안하고, 불편합니다.

근육은 관심을 가질 때 만들 수 있습니다. 근육을 만들고 관리하는 것은 결과보다 과정입니다. 내가 소속되어 있는 조직에 필요한 근육은 리더 혼자 열심히 한다고 만들어지는 것은 아닙니다. 모두가 그 과정에 동참할 때 가능합니다. 그 과정에 동참할 때도 이왕이면 어떤 근육에 집중할 것인지 공유되면 좋겠습니다. 누군가는 등 근육, 누군가는 허벅지 근육에 집중한다면 쏟는 에너지에 비해 균형감 있는 팀 근육을 만들기는 어려울 수 있습니다. 영업부서, 지원부서, 연구개발부서, 새롭게 만들어진 부서, 긴 호흡으로 일하는 부서, 짧게 일하는 프로젝트 부서 등의 상황에 따라 집중해야 하는 근육을 달라질 수 있습니다. 의견을 모으고 우선순위를 정하는 시간을 만들고, 실천하는 과정을 모두가 함께 인바디 InBody, 눈바디눈Body 체크해보는 것을 제안합니다.

2

불통이
디폴트값입니다

리더의 '알지?'와 플레이어의 '안다.'가 같은 의미일까요?

리더: 이번 프로젝트는 정말 잘 해내야 합니다. 알죠?

플레이어: (고개를 끄덕이며) 네, 알고 있습니다.

리더: 그래서 말인데, 좀 더 혁신적이고 색다르게 접근했으면 좋겠어요. 어
때요?

플레이어: (고개를 끄덕이며) 네, 그렇죠. 좀 다르게 접근하는 것이 필요할 것 같
습니다.

리더: 좋네요~ 저와 생각이 같으니 기대가 됩니다. 제가 믿는 거 알죠? 실행

계획서를 잘 만들어 오세요. 다음 주까지 오케이?

플레이어: (고민하는 표정으로) 네, 알겠습니다.

"당신이 처한 문화 속에서만 당신의 행동이 상식적으로 보일 뿐이다." 미국의 인류학자 에드워드 홀Edward Hall이 남긴 말입니다. 그는 자신의 저서 『문화를 넘어서Beyond Culture』에서 고맥락 문화와 저맥락 문화를 설명합니다.

저맥락 문화Low Context는 논리적, 분석적, 직설적, 행동 지향적으로 자신의 의사를 분명하게 표현합니다. 반면, 고맥락 문화High Context는 관계를 고려하고 상황을 해석해야 하는 함축적인 표현이 많습니다. 일반적으로 동서양을 비교해 보면, 중국, 일본, 아랍권 국가 그리고 한국은 고맥락 문화로 분류됩니다.

더 좋은 문화는 없습니다. 단지 다를 뿐이고 각각이 특징을 가지고 있습니다. 저맥락 문화는 명확한 목표를 설정하기 위해서 의견을 수렴하고 효율성을 중요하게 생각합니다. 이 과정에서 갈등 상황이 발생할 수 있습니다. 고맥락 문화는 조직 내 유대감을 강화하고 긍정적인 분위기를 내는 것을 중요하게 생각합니다. 이로 인해 오해가 발생할 가능성이 있고, 의사결정을 하는 데 속도가 저

하될 수 있습니다. 또한 다른 의견을 수용하거나 나와 다름을 불편하게 느낄 수 있습니다.

한국은 고맥락 문화권으로 분류됩니다. 내가 소속된 조직은 어디에 더 가까운가요? 우리의 성과 현장은 국내에 한정되어 있지 않으며, 설사 내가 소속되어 있는 조직이 국내를 기반으로 성과를 만들어 낸다고 하더라도 그 안에 있는 플레이어들은 다양한 문화를 접하고 온 새로운 시대의, 나와는 가치관이 다른 구성원일 가능성이 큽니다. 저맥락 문화를 많이 경험하고 조직에 들어온 구성원들은 전형적인 고맥락 문화가 불편할 수 있습니다. 반대로, 고맥락 문화가 익숙한 기존 직원들은 저맥락 커뮤니케이션을 하는 새로운 세대의 커뮤니케이션 방식이 개인 중심이고, 맥락을 이해하

고맥락 문화 vs 저맥락 문화

고맥락 문화	저맥락 문화
집단주의	개인주의
간접적이고 모호한 언어 표현	직접적이고 명확한 언어 표현
상황 맥락에 따른 파악 필요	세부적, 논리적 설명
조직 내 유대감 강조	업무 중심 + 효율성 중시
상호 의존적	개인 의견 존중
관계 의존	근거 자료 의존

지 못한다고 생각하면서 불편할 수도 있습니다.

지속해서 이슈가 되고 있는 세대 차이, 세대 갈등이 커뮤니케이션에서 계속 화두가 되고 있는 것은 서로 다른 문화가 양극단에서 극대화되고 있다는 것이며, 전형적인 한국의 고맥락 문화에 변화가 오고 있다고 해석할 수 있습니다.

모든 문제를 회피할 수 없습니다. 익숙함은 습관으로 표현됩니다. 내가 익숙한 것에 머무르지 않고, 상대와 다름을 확인하면서 맞춰가는 시간이 필요합니다. 이때 중요한 것은 우리가 다르다는 것을 강조하는 것이 아니라, 우리가 가지고 있는 비전과 목적, 목표에 집중하는 것입니다. 같은 방향을 보고, 같은 그림을 그리면서 가는 길은 다르기 때문에 나오는 시너지가 있음을 잊지 않는 것입니다.

작은 시도를 통한 문화적 변화가 필요합니다. 커뮤니케이션이 바뀐다는 것은 말하고, 듣고, 읽고, 쓰는 것만 말하지 않습니다. 조직의 문화를 형성하고, 구성원의 조직몰입, 직무몰입, 업무의 효율과 효과에 모두 영향을 미치기 때문입니다. 조직에서 커뮤니케이션에 변화가 필요한 이유를 다음과 같이 정리합니다.

① 속도가 가늠되지 않는 기술의 변화

② 소셜 네트워킹 서비스SNS, Social Networking Service를 통한 사회적 관계의 확장

③ 공유와 협업의 시대

④ 글로벌 비즈니스

⑤ 전형적인 고맥락 문화가 익숙한 한국의 조직

⑥ 동시대를 살고 있는 서로 다른 시대의 사람들

⑦ 언택트Untact 시대, 디지털 커뮤니케이션Digital Communication 활용 증가

⑧ 자연스럽게 바뀌고 있는 조직 문화와 의도적으로 변화가 필요한 일하는 방식

⑨ 역할 조직과 리더십 패러다임의 변화

⑩ 그리고 조직의 성과

커뮤니케이션은 조직의 문제 발견 및 해결, 관계 형성, 목표 달성, 지속 성장에 필수 도구입니다. 개인의 성장과 조직의 성장이 함께할 수 있는 조직 커뮤니케이션을 다양한 상황으로 생각해 보겠습니다.

3

안전하면 성과를 생각하고, 그렇지 않으면 생존을 생각합니다

에이미 에드먼슨Amy C. Edmondson 교수는 심리적 안전감Psychological Safety을 '직원들이 업무와 관련해 그 어떠한 말을 하더라도 벌을 받지 않을 것이라 생각할 수 있는 환경'이라고 정의합니다. 심리적 안전감은 구성원들이 자유롭게 커뮤니케이션에 참여하도록 만들며 업무와 관련해 나쁜 소식이나 도움 요청을 할 수 있는 분위기를 말합니다. 당연히 자유롭게 말할 수 있을 것이라 생각하지만 정말 그럴까를 생각해 보면 그렇지 않은 경우가 많습니다.

의견을 낸 사람이 책임지는 문화가 있다면, 회의 시간에 자유로운 발언은 어렵습니다. 말해도 소용없다는 경험치가 쌓이게 되면 현재 상황을 유지하는 데만 집중하게 됩니다. 작은 실수도 용납하지 않는 문화가 있다면 실수를 해결하고 보고하기 위해 일정이 지연되거나 "호미로 막을 것을 가래로 막는다."라는 속담처럼 더 크게 문제로 번지기도 합니다.

구글에서는 2012년부터 약 4년간 '아리스토텔레스 프로젝트'를 통해 팀 성과에 영향을 미치는 요인을 연구했습니다. 팀 성과에 미치는 요인은 심리적 안전감, 상호 의존성, 일의 의미, 일의 영향, 체계와 명확성이 필요하다는 것을 확인했습니다. 그리고 가장 중요한 요소로 '심리적 안전감'을 꼽았습니다. 심리적 안전감이 높은 팀은 혁신성, 생산성, 만족도 등 모든 측면에서 우수한 성과를 보였다고 말합니다.

구성원들이 새로운 아이디어를 자유롭게 제시하고, 실패에 대한 두려움이 없을 때 새로운 도전을 할 수가 있습니다. 문제점이 있을 때 솔직하게 이야기하고, 함께 해결책을 모색할 수 있게 되면 문제를 해결할 뿐 아니라, 문제 해결력도 향상될 수 있습니다. 구성원들은 소속감을 느끼게 되고 동료들과 함께 일한다는 즐거움과 안도감, 만족감을 느끼면서 이직률도 낮출 수 있습니다.

조직문화의 아버지라고 불리는 에드가 샤인Edgar H. Schein은 "조직문화는 조직 구성원들 사이에 타당한 것으로 간주되어 의심 없이 당연한 것으로 받아들여지고 새로운 구성원들에게 그대로 학습되는 것"이라고 정의합니다. 조직의 커뮤니케이션 문화는 위에서 아래로 내려온다고 생각합니다. 리더가 구성원에게 하는 행동, 다수가 소수에게 하는 행동들이 암묵적으로 쌓여서 만들어지게 됩니다. 그것이 전파되는 속도는 생각보다 빠릅니다. 좋다고 느끼는 문화도 빠르게 전파되겠지만, 좋지 않다고 느끼는 문화도 빠르게 전파됩니다. 그리고 그것이 좋지 않다는 생각은 사라지고, 습관화된 행동만 남게 됩니다. 그래서 조직문화를 바꾸려면 빙산의 보이는 부분, 즉 행동 변화를 먼저 시도합니다.

'심리적으로 안전한 조직문화를 만들어야겠다.'라는 다짐으로는 원하는 문화를 만들 수 없습니다. 구글에서는 회의에 참석한 모든 사람들에게 "당신의 의견은 무엇인가요?"라는 질문을 한다고 합니다. 자기의 생각과 의견을 자신의 역할에서 생각하고 말하게 하는 것입니다. 회의에 참석했다는 것은 그 사람이 필요한 사람이고, 그 일과 관련이 있는 사람이기 때문에 의견을 물어본다고 해석합니다. 또한 의견을 말하는 것이 항상 쉽게 표현되는 것은 아니기 때문에 다른 사람의 다른 관점도 듣고, 자신의 생각도 정리하면서 훈련하는 것입니다. 이것이 반복되고 습관이 되면 회의하는 문화, 즉 말하고, 듣고, 수용하고, 비판하고, 포용하는 것이 익숙해지면서 각자의 역할에서 책임감이 생기고, 조직문화에도 긍정적으로 작동하게 될 것 같습니다.

리더인 나의 행동 중에서 지속할 것과 멈춰야 할 것을 발견하고 실천하는 것이 필요합니다. 우리 팀의 문화를 정말로 바꾸고 싶다고 생각한다면, 구성원들과 팀 문화의 중요성과 만들고 싶은 팀의 일하는 모습을 공유하고, 필요한 행동의 실천을 약속하고 서로 지켜 나가는 모습을 보여줄 때 습관을 바꾸듯이 문화가 바뀔 수 있습니다.

많은 조직들이 심리적으로 안전하다고 느낄 수 있는 조직문화를 만들기 위해서 고민하고 있습니다. 내가 리드하는 단위 조직의 심리적 안전감을 높이려면 리더인 나는 어떻게 해야 할까요?

다양한 조직의 실제 팀장님들이 심리적 안전감을 높이기 위해 제시한 액션플랜을 공유합니다. 10개 문항 중에서 어떤 문장에 마음의 끌림이 있으십니까? 첫 번째 문항, '자신의 약한 부분을 드러내는 용기를 내어 솔직함으로 소통한다.'에 마음이 갑니다. 약한 부분을 드러낸다는 것은 용기를 내는 일이고, 용기를 냈다고 해도 그것을 드러내서 소통하는 것이 쉽지 않게 느껴집니다. 기술의 발전으로 혼자 모든 것을 할 수 있는 세상이기도 하지만, 혼자서는 모든 것을 해낼 수 없는 세상이기도 합니다. 내가 완벽할 수 없다는 것을 받아들이고 함께 일하는 구성원들과 솔직하게 연결되는 것이 필요합니다.

팀은 팀장을 포함한 구성원들의 공동체입니다. 우리는 모두 완벽할 수 없습니다. 리더인 나 역시 완벽하지 않음을 드러내는 것은, 팀 구성원들에게 용기를 낼 수 있도록 롤모델이 되어 주는 것입니다. 탁월한 팀은 조직의 성과를 만들기 위해 서로에게 기여할 수 있는 기회를 주는 것이라 생각합니다. 이 책을 선택하신 리더님들도 문장 하나하나를 살펴보면서 나와 팀에 필요한 것을 찾아보는 것을 추천합니다.

구성원들의 심리적 안전감을 높이기 위한 리더의 행동을 성찰하는 데 다음의 문장들이 도움이 되었으면 합니다. 문장을 읽고, 10점 기준으로 현재 나의 모습을 점수로 체크합니다. 그리고, 그렇게 생각하는 이유를 기록합니다. 상황이나 대상, 실행 빈도 등을 기록하면 현재 나의 모습을 관찰하는 데 도움이 될 것이라 생각합니다.

구성원의 심리적 안전감을 높이기 위한 행동

문항	점수	이유
자신의 약한 부분을 드러내는 용기를 내어 솔직함으로 소통한다.		
나의 불편한 감정이 표정으로 드러나지 않게 노력한다.		
구성원에게 배우고자 하는 마음으로 질문한다.		
문제 발생 시 감정적인 비난을 멈추고 구체적인 해결책에 집중한다.		
갑작스러운 업무 부여 시 상황을 설명한다.		
부서 내 갈등을 드러내고 관리한다.		
나와 다른 의견을 제시할 수 있게 격려한다.		
팀원이 팀에 기여하고 있는 것을 고맙다고 표현한다.		
구성원의 다양한 관점을 존중하고 말을 끊지 않고 끝까지 듣는다.		
새로운 지식과 기술을 배우고 성장할 수 있도록 지원한다.		
나의 약속:		

10개 문장을 다 읽고 생각하는 시간을 가진 다음에는 마지막 칸에 나의 행동 약속을 기록합니다. 그 행동을 실천하는 팀장님들 응원하겠습니다.

4

감정은
약속할 수 없습니다

"좋은 팀장이 되겠다고 선언했는데, 생각보다 쉽지 않네요."

1년 차 팀장님을 만났습니다. 공식적으로 팀장의 역할을 받고, 좋은 팀장님이 되겠다고 선언하셨다고 합니다. 그렇게 1년이 지나고, 팀장으로서 시간을 어떻게 보냈는지를 회고하는데, 그냥 정신 없이 바쁘기만 했던 것은 아닌가 하는 고민을 나누게 되었습니다.

"신호등을 지키려고 사거리에 서 있는데, 동시에 파란불이 들어오거나 동시에 빨간불이 들어와서 가야 하는지 말아야 하는지 모르겠습니다."

좋은 팀장이 되려고 했을 뿐인데, 상사에게 좋은 팀장과 구성원들에게 좋은 팀장이 된다는 것이 상충되는 느낌이고, 팀원들의 힘들고 어려워하는 문제들을 해결해 주려고 하니 몸과 마음이 지치고, 시간이 한없이 부족하다는 생각이 들고, 예전에 모셨던 팀장님이 왜 그렇게 하셨는지 이해가 된다고 하셨습니다. 좋은 팀장이 되겠다는 자신과의 약속을 지키고 싶은데, 어떻게 하면 될지 막연함이 가득하다는 말씀이 기억에 남습니다.

좋은 팀장이란 무엇인가요? 요즘은 챗GPT가 많은 답을 알고 있다는 생각이 들어서 물어봤습니다.

- 좋은 팀 리더는 팀 구성원이 공유 목표를 달성하도록 효과적으로 안내하고 동기를 부여하며 지원할 수 있는 자질과 기술의 조합을 보유하고 있습니다.
- 훌륭한 팀 리더는 미션과 비전이 있고, 책임감을 가지고, 명확하게 의사소통하고, 공감 능력이 있으며, 팀워크를 촉진하며, 유연한 사고를 가지고 문제를 해결합니다. 또한 구성원이 성장할 수 있도록 권한을 부여하고, 영감을 줍니다.

'좋은, 훌륭한'이라는 단어 하나에 이렇게 긴 문장이 숨어 있다는 것을 확인하게 됩니다. '좋다'는 것은 주관적인 감정입니다. 누구의 입장에서 좋다는 것인지도 생각하게 됩니다. 그래서 좋은 ○○이 되려고 하면 할수록 더 어렵게 느껴지기도 합니다. 어려운 것을 해냈을 때는 성취감도 있지만, 어렵기 때문에 포기하거나, 아예 안 하고 싶다는 생각이 들기도 합니다. '좋은 팀장'이 되는 약속을 지켜내고 싶다면, '좋다'는 단어의 막연함을 구체적으로 풀어내야 합니다. '좋다'는 형용사를 '한다' 혹은 '하지 않는다'와 같은 동사로 바꾸는 것입니다.

'좋은 팀장이 되겠다.'라는 약속을 하는 것보다 '나는 ○○팀을 리드하는 팀장으로서 (구체적으로) ○○ 한 행동을 하겠다.'라고 약속하는 것입니다. 예를 들면, '팀 아이디어 미팅에 참석할 때는 정답을 가지고 회의실로 들어가지 않는다.', '아는 척하지 않고 물어본다.', '결정이 어려울 때는 팀의 존재 이유를 생각한다.'와 같은 구체적인 행동을 약속하는 것입니다. 구체적인 행동 약속은 지키고 있는지도 체크할 수 있으며, 더 나아지기 위해 약속을 업데이트할 수도 있습니다.

좋은 팀장이 되기 위한 구체적인 행동이 바로 떠오르지 않는다면, 질문으로 발견해 볼 수 있습니다.

- 나의 행동은 구성원에게 어떤 영향을 미치고 있을까?

- 나는 팀의 비전과 업무 목표를 말로 표현하고 있는가?

- 나는 중요한 결정을 내릴 때 데이터를 기반으로 하는가?

- 다른 사람의 피드백을 어떤 태도로 받아들이는가?

- 경청하는 행동에는 어떤 것들이 있는가? 그중에서 내가 잘하는 모습과 아쉬운 모습은 무엇인가?

- 나는 스트레스를 관리하고 있는가?

- 화가 날 때 내가 하는 행동은 무엇인가?

- 구성원은 '당연히 이렇게 해야 한다'고 생각하는 행동이 있는가? 있다면 구체적으로 무엇인가?

- 나는 모든 구성원에게 공정한 행동을 하고 있는가? 그렇게 생각하는 근거는 무엇인가?

- 지금 바로 거울을 보자. 그 표정을 상대방이 본다면 어떻게 느낄 것 같은가?

조직 내에서 좋은, 따뜻한, 재미있는, 흐뭇한, 믿음이 가는 감정을 유지한다는 것은 불가능합니다. 반대로 조직에서 느끼는 불편한, 긴장되는, 후회되는, 아쉬운 감정들이 불필요한 감정도 아닙니다. 그렇기 때문에 우리가 약속을 할 때는 감정에 대한 것이 아니라, 행동에 대한 약속을 하면 좋겠습니다.

구성원에게 피드백을 할 때도 적용할 수 있습니다. 행동을 피드백하는 것입니다.

- 보고를 잘한다. → 보고 타이밍이 예상보다 조금 빠르다.
- 성실하지 않다. → 시간 약속을 지키지 않았다.
- 열정적이지 않다. → 새로운 프로젝트를 할 때 학습하는 모습을 보지 못했다.

피드백은 사실 중심으로 하는 것이 필요합니다. 형용사로 표현되는 것은 동사로 설명할 수 있을 때 피드백을 받는 사람이 수용할 가능성이 높아집니다. 열심히, 성실히, 최선을 다했으면 좋겠다는 말을 전하려고 한다면, 그것이 어떤 모습인지 상상할 수 있게 알려줄 필요가 있습니다. 그래야 실천 정도를 다시 피드백 줄 수 있기 때문입니다.

역할을 잘 수행하고 싶다, 리더의 일을 잘 해내고 싶다, 구성원들과 잘 지내고 싶다, 좋은 성과를 만들고 싶다는 생각이 들면, 잘 해냈을 때의 감정을 떠올리고, 어떤 행동이 필요한지 기록하는 것을 추천드립니다.

5

리더의 말이
팀의 가치를 만듭니다

팀장에게도 상사가 있습니다. 팀장이 자신의 상사에게 보고하는 것은 팀을 대표하는 것입니다. 팀장이 일을 대하는 태도나 상사에게 보고하는 것은 결국 팀을 보여주는 행동입니다. 팀을 보여주는 팀장의 말하기에는 어떤 것을 생각해 볼 수 있을까요?

적극성   공식성   간결성

첫 번째는 '일과 사람에 대한 적극성'입니다. 팀장이 상위 리더에게 보여주는 적극성은 해당 부서, 그리고 실무자에게 영향을 줍니다. 그렇기 때문에 상위 리더에게 보고 등의 커뮤니케이션을 할 때는 2가지 관점이 필요합니다. 바로 '업무'와 '사람'입니다. '업무'는 명확한 목표와 계획, 근거자료가 있을 때 적극성을 표현할 수 있으며, '사람'은 구성원의 강점, 실무자의 성장 의지, 커리어 계획을 가지고 있을 때 상위 리더에게 의견을 구하면서 적극성을 표현할 수 있습니다. 보고 시간이나 방식도 고려합니다. 간단한 내용은 메일이나 메신저를 활용해서 수시로 커뮤니케이션하고, 만났을 때는 조금 더 깊이 있는 대화를 할 수 있게 준비합니다. 물론 상위 리더의 의사소통 스타일에 맞추어서 준비하는 것이 필요합니다.

두 번째 '말의 공식성'입니다. 격식을 갖추고 표현합니다. 친밀한 관계임을 나타내기 위해 호칭이나 맺음말 등을 잘못 사용하면 신뢰감에 영향을 줍니다. 리더와 리더의 커뮤니케이션은 사적인 관계를 표현하는 것이 아니라, 공식적이고 중요한 조직의 사안을 결정하는 것입니다. 특히나 말 문장의 마무리를 명확하게 표현합니다. 보고 대화를 하다 보면 말끝을 흐리게 되는 경우가 있습니다. 이는 자신감이 없고 정확하지 않다는 느낌을 줄 수 있습니다.

문장을 끝까지 마무리한다는 생각으로 말하는 것이 필요합니다. 더불어 애매한 추측성 표현이 있습니다. 정말 추측이 필요한 경우도 있겠지만 습관처럼 사용하는 것은 안 됩니다.

"가능할 것도 같습니다."
"아마… 시도해 볼 수 있을 것 같기는 한데…"
"저희 팀이 현재는 좀 바쁜 상황이긴 합니다…"

하겠다는 것인지 말겠다는 것인지, 알겠다는 것인지 모르겠다는 것인지 추측하게 하는 말은 상대방을 갸우뚱하게 합니다. 상사에게 보고를 잘하거나 상사의 질의응답에 대응을 잘하기 위해 머릿속으로 시뮬레이션하는 것도 좋지만, 보고할 것을 소리 내어 녹음해 들어보거나 내용을 그대로 타이핑 기록해 보면 언어 표현의 공식성을 파악하는 데 도움이 됩니다.

세 번째 '용어의 적확성'입니다. 정확한 표현과 이해가 요구되는 상황에서는 적확한 업무 용어를 사용합니다. 특히나 업무 현장에서 전문적이고 구체적인 용어가 사용되지 않으면 맥락이 흐려지거나 몰입을 방해할 수 있습니다.

"다음 장표를 보시면,"

"다음 슬라이드를 보시면,"

"다음 PPT를 보시면,"

다 같은 말입니다. 하지만 그 조직에서 사용하는 용어가 아닌 경우에는 보고를 받는 사람들이 용어가 거슬려 중요한 정보를 놓치게 될 수 있습니다.

팀장이 자주 사용하는 단어 중에는 '덕분에'와 '때문에'가 있습니다.

"가격 정책 때문에~"

"가격 정책 덕분에~"

긍정, 부정 모든 상황에서 사용할 수 있습니다. 그러나 '사람'이 주어가 되는 순간 의미는 달라집니다.

"김 대리 때문에~"

"김 대리 덕분에~"

사람과 긍정의 의미를 함께 표현할 때는 '덕분에'를 사용합니다. 함께 일하는 팀원에게 감사의 마음을 전하거나 상위 리더에게 팀원을 인정, 칭찬하는 상황에는 '덕분에'를 사용하는 것이 올바른 단어 선택입니다.

마지막으로 '간결성'입니다. 간결하게 표현합니다. 머릿속에 있는 이미지를 잘 전달하려는 욕심에 막연하게 표현하거나 구구절절 부연 설명하는 것은 명확한 이미지를 그려놓고 덧칠하는 것과 같습니다. 단, 짧고 간결하게 표현하기 위해 전문 용어나 줄임 표현을 사용하는 것은 '간결성'이 아닙니다. 말의 이해도를 높이기 위해 전문 용어나 줄임말을 사용할 경우에는 쉽게 풀어서 설명하는 것이 필요합니다.

팀장의 말하기 간결성에 힘을 부여하는 것은 짧은 문장에 자신감 있는 목소리입니다. 팀장이 상사에게 말하는 것은, 개인의 의견과 목소리가 아닙니다. 그 의견과 목소리 뒤에는 실무자 팀원이 있습니다. 나와 너의 개인적인 대화가 아니라, 우리와 우리의 공적인 대화라는 것을 생각하면서 목소리에 에너지를 담으면 좋겠습니다. 그것은 팀 구성원의 일에도 영향을 주지만, 우리 팀을 보는 상위 리더에게도 신뢰, 안도감, 편안함 등을 제공할 수 있습니다.

『톰 소여의 모험』, 『허클베리 핀의 모험』 등으로 유명한 미국의 소설가, 마크 트웨인은 "적절한 단어와 거의 적절한 단어의 차이는 번개의 빛과 반딧불이의 빛만큼이나 다르다."라는 명언을 남겼습니다.

팀장이 상위 리더와 커뮤니케이션한다는 것은 1대1의 형식만 있을 뿐, 실제는 개인 간의 대화가 아니라는 것을 생각하면서 준비할 것을 제안합니다.

6

조언은 방향을 제시하지만, 잔소리는 귀를 막게 만듭니다

"흙이 너무 마르면 흙이 물을 무서워하게 되고 잘 흡수하지 못해요. 아니, 전혀 흡수하지 못해요." 정신적 외상 치유 분야의 세계적 권위자, 로라 판 더 누트 립스키Laura van Dernoot Lipsky가 조경사에게 들은 말이라고 합니다. '흙'에 '물'은 좋은 토양이 되는 기본 에너지입니다. 건조하고 갈라진 토양이 다시 건강하고 촉촉해지기 위해서는 평소보다 더 많은 비가 내려야 합니다.

리더가 플레이어에게, 선배가 후배에게 하는 조언도 마찬가지입니다. 정기적으로 혹은 수시로 비를 내려 주듯이 해야 하는데,

'조언 가뭄'이 발생하면 시간이 지나 좋은 이야기를 해준다고 해도 플레이어에게 흡수되지 못하는 상황이 벌어질 수 있습니다. 구성원의 갈라진 마음을 회복하는 데는 시간도 많이 걸리지만 '쩌억!' 하고 갈라진 마음으로 조직을 떠날 수도 있는 것입니다.

파트너가 문제를 잘 해결할 수 있도록 도와주는 것이 조언입니다. 훌륭한 조언은 올바른 결정을 내리게 합니다. 잘못된 조언은 상대에게 상처만 줄 수 있습니다. 자신의 의견이나 경험을 다른 사람에게 전달, 조언하려면 섬세한 준비가 필요합니다.

조직에서 '조언을 한다'는 것은 어떤 상황일까요? 일반적인 경우는 리더가 구성원에게 조언을 합니다. 리더 입장에서는 긍정적인 의도를 가지고 조언을 하지만 구성원의 입장에서는 리더의 좋은 의도를 받아들이지 못할 수도 있습니다. 이런 경우에는 리더의 조언이 구성원에게 한 귀로 들어갔다가 한 귀로 흘러 나갈 수도 있습니다.

반복된 조언이 잔소리로 변형되기도 합니다. 리더가 잔소리를 하는 것은 '잘되라는 마음의 가르침'입니다. 그러나 잔소리를 가르침으로 받는 사람은 없습니다. 그리고 가르친다고 생각하는 리더는 자신의 말이 '잔소리'라고 생각하지 않습니다. 주는 사람은 잔소리가 아니지만 받는 사람이 잔소리로 느낀다면 그 말은 일시 중지하는 것도 필요합니다. 물론 쉽지 않습니다. 잔소리를 하지 않는 것은 '의지'가 있어야 합니다. 리더는 플레이어에게 말을 하기 전, 자신에게 질문해야 합니다. '내가 하려는 이것은 잔소리인가? 조언인가?'

조언은 성과나 태도가 기대에 미치지 못할 경우, 리더가 구성원에게 하는 것이라고 생각하는 경우가 많습니다. 리더가 하는 '조언의 범위'는 더 커져야 합니다. 리더의 조언 범위를 크게 보았을 때, 첫 번째 대상은 '일을 잘하고 있는 구성원'입니다. 리더의 기대만큼 혹은 그 이상으로 잘하고 있는 구성원에게 '자율성 부여'를 이유로 조언을 하지 않는 경우가 의외로 많습니다. 리더가 하는 가장 흔한 실수가 최고의 성과를 올리는 직원에게 지지적 표현을 하지 않는 것입니다. 잘하고 있기 때문에 하지 않아도 된다고 생각하지만, 사실 잘하고 있는 구성원들이 지치지 않도록 관심을 가지고 조언하는 것은 매우 중요합니다.

새로운 조직에서 일을 하게 된 경력직 플레이어는 자신이 새로운 조직에서 일을 잘하고 있는지 궁금해서 팀장에게 면담을 요청했습니다. 팀장은 웃으면서 말하길, "잘하고 있는데, 뭐가 문제지?" 면담 요청을 했던 플레이어는 "잘하고 있는 것이 확인되었지만 씁쓸했다."라고 말합니다.

이러한 상황에서 리더에게 필요한 것은 무엇이었을까요?

리더의 입장에서 무엇을 잘하고 있는지 리더의 관점에서 알려주고, 응원하는 지지의 조언이 있었다면 좋지 않았을까요? 더불어 지원 의지를 알려주는 것입니다. 리더가 언제든지 도와주겠다고 말하는 것은 소통의 가능성을 열어 두는 것입니다. 더불어 잘하고 있는 구성원에게 너무 잦은 조언은 하지 않습니다. 오히려 시간을 빼앗는 상황으로 변질될 수 있기 때문입니다.

조언을 해야 하는 두 번째 대상은 '업무 성과나 태도가 리더의 기대에 미치지 못한다고 판단되는 구성원'입니다. 좋지 않은 상황에서의 조언이 불편하다는 이유로 그냥 넘어가면 그것은 리더의 역할을 수행하지 않는 것입니다. 여기에서 기억해야 하는 것은 '조언이라는 이름으로 지적을 하거나 트집을 잡지 않는다.'입니다. 그러기 위해서는 구성원의 성장을 바라는 마음을 우선시해야 합니다. 조언을 하기 전에는 스스로에게 질문을 합니다.

- 조언으로 얻고자 하는 것은 무엇일까?
- 진짜 조언인가? 혹시 내 감정을 쏟아내는 것은 아닐까?

구성원의 성장을 바란다는 답변이 나오면 진심을 담아 직접적으로 표현하는 것이 좋습니다. 조언을 한 뒤에는 구성원에게도 말할 기회를 줍니다. 리더는 들으면서 문제 해결을 위한 힌트를 발견할 수도 있고, 구성원은 말하면서 자신을 점검할 수 있습니다.

세 번째 대상은 '조언을 요청하는 누군가'입니다. 조직 관리의 직접적인 대상일 수도 있고 타 부서의 리더나 구성원일 수도 있습니다. 누군가가 어떠한 문제에 대해 도와달라고 부탁할 수 있습니다. 이럴 때는 어떤 상황인지 구체적으로 파악하는 것이 중요합니다. 간혹 자신이 안다고 생각해서 성급하게 답변을 하다 보면 맞춤형 조언이 안 되거나, 내가 생각하는 답을 강요하게 될 수도 있습니다. 또한 상대방이 조언을 요청했다고 해도 나의 이야기가 상대방에게 수용되지 않을 수도 있음을 생각합니다.

"빈 수레가 요란하다."라는 말이 있습니다. 물론 조언 요청을 받은 리더가 빈 수레는 아닐 것입니다. 그러나 너무 많은 조언을 쏟아내면 그렇게 보일 수도 있습니다. 그리고 다시는 조언을 구하지 않을 수도 있습니다. 누군가가 나에게 조언을 구할 때는 현재 상황과 당사자의 생각, 관점을 이해하는 것에 집중해야 합니다. 문제를 해결하기 위해 무엇을 시도하고 실행했는지도 확인합니다. 잘못한 행동을 찾는 것이 아닙니다. 상대를 알기 위함입니다. "혹시, 내가 생각하는 방법을 이야기해도 괜찮겠습니까?" 조언을 하기 전 '확인 질문'을 먼저 하는 것을 추천합니다.

네 번째 대상은 리더인 '나'입니다. 리더도 문제에 봉착하고 의사결정의 어려움에 빠질 수 있습니다. 리더의 입장에서 조언이 필요하면 플레이어에게 조언을 구합니다. 리더가 몰라서 질문하는 것을 권위가 떨어진다고 생각하는 분들도 있습니다. 지금의 세상은 전혀 그렇지 않습니다. 변화가 큰 세상 속에서 리더가 모든 정보를 알지 못할 수도 있습니다. 플레이어에게 조언을 구하는 리더의 행동은 구성원에게 기여할 수 있는 기회를 주는 것이며, 오히려 리더의 영향력을 크게 만들 수 있습니다. 이것이 열린 커뮤니케이션 문화를 만드는 시작입니다.

또한, 플레이어들이 수시로 자신의 의견을 담아 리더에게 조언할 수 있도록 분위기를 만듭니다. 여기에서 조언은 '직언'입니다. 직언이란, 옳고 그름에 대하여 기탄없이 말하는 것입니다. 리더에

누구에게 어떻게 조언할 것인가?

조언 대상자	리더 → 구성원			구성원 → 리더
	일을 잘하고 있다고 생각하는 구성원	리더의 기대에 미치지 못한다고 생각하는 구성원	요청하는 누군가	나에게
하지 않는 이유	잘하고 있으니까	말하기 불편해서	요청이 없어서	대상으로 생각해 보지 않음
어떻게?	응원과 지지	구체적인 지도	구체적 상황 및 관점 파악 후	직언
언제?	수시로	수시+정기	요청 및 수용 가능한 시간	수시

게 직언을 하는 것은 플레이어에게 용기가 필요한 일입니다. 그 용기를 리더가 만들어 줌으로써 잘못된 의사결정을 하지 않도록 도와주는 든든한 지원군을 만들어 놓는 것입니다.

상대방의 성장을 바라면서 신중하게 조언을 한다면, 서로에 대한 존중과 신뢰감을 갖게 될 것입니다.

조언에서 놓치면 안 되는 한 가지!

만약 리더가 플레이어에게 조언을 했는데 수용하지 않는다면 어떻게 하시겠습니까?

누군가에게 조언을 들었다고 해서 그대로 행동해야 할 의무는 없습니다. 자신이 처한 상황에 따라 조언을 수용할 수도 있고 거부할 수도 있습니다. 또한 수용은 했지만 주변의 상황으로 인해 행동으로 보여주지 못할 수도 있습니다.

상대에게 조언을 하는데 제대로 듣지 않거나 조언과 다른 선택을 하면 기분이 나쁠 수 있습니다. 특히 내가 관리하는 구성원이 리더인 나의 조언을 수용하지 않으면, '화'가 나기도 합니다. 하지만 '조언 수용 결정'과 '결정에 대한 결과'를 감수하는 것은 온전히 당사자의 몫입니다. 한 번의 조언으로 태도가 바뀌기를 바라는 것이 아니라 지속적인 관심과 표현이 필요합니다. 또한 표현의 문제로 조언을 거부하는 것일 수도 있습니다. 상대에게 나의 조언이 수용될 수 있도록 표현 방법을 고민하는 것도 필요합니다.

"당신이 말을 물로 끌고 갈 수는 있어도, 말이 물을 먹게 만들 수는 없다."라는 속담이 있습니다. 좋은 기회를 주고 좋은 이야기를 해줄 수는 있지만, 억지로 행동하게 할 수는 없습니다. 리더가 구성원에게 조언을 하는 것은 자신의 역할 수행에 책임을 다하는 것이며, 지치지 않는 것이 필요합니다.

7

스몰토크가
큰 변화를 만듭니다

대화는 흐릅니다. 작은 시냇물이 모여 큰 바다가 되듯이 흘러가
야 합니다. 중간에 잠시 머물 수는 있습니다. 그러나 고인 물은 썩
어 버리듯 대화가 멈추지 않고 흐를 수 있도록 의도적인 노력이 필
요합니다.

"대답을 하지 않을까 봐 걱정돼서 1on1이 두려워요."
"대화는 자주 하는데, 제가 말을 더 많이 하는 것 같아요. 이게
맞는지 모르겠어요."

말을 하는 것과 대화를 하는 것은 다릅니다. 말을 한다는 것은 자신의 생각을 다른 사람에게 전달하는 것입니다. 하고 싶은 말의 내용을 정리하고, 사용하는 단어를 고민하고, 표정이나 목소리에 변화를 주면 말을 잘한다는 이야기를 들을 수도 있겠지요.

대화를 하는 것은 상호작용입니다. 두 사람 사이가 연결되고 관계가 형성되는 것입니다. 최고의 대화에서 결과물은 신뢰 관계가 형성되는 것입니다. 신뢰 관계가 첫 만남에서 바로 만들어지기는 어렵습니다. 한 번의 대화로 신뢰가 만들어지고, 유지되기를 바라면 안 되겠지요? 한 번의 큰 대화가 아니라, 작은 대화의 지속성이 필요합니다.

작은 대화, '스몰토크'라고 합니다. 소소하게 가벼운 대화를 말하며, 메인 대화를 위한 워밍업 대화입니다. 상호작용 하는 우리가 인간이 아니라 AI처럼 디지털, 기계적 관계라면 스몰토크는 필요 없습니다. 챗GPT와 대화를 하기 전에 잘 지냈는지 안부를 묻는 경우를 보지 못했거든요. 단도직입적으로 메인 대화로 들어가더라고요.

본격적인 대화를 시작하기 전에 하는 인사나 일상 이야기, 대화가 매끄럽게 연결되지 않을 때 대화의 흐름을 원활하게 만드는 관점 전환용 질문들도 스몰토크라고 볼 수 있습니다.

스몰토크는 대화 연결을 위해 작게 시작됩니다. 작은데 어렵습니다. 상대에 따라 더더욱 어렵게 느껴질 때도 있습니다. 어렵다는 마음은 잘하고 싶다는 마음과 같습니다. 어렵다는 느낌이 들면, 가장 먼저 '내가 이 대화를 잘하고 싶구나.'라고 알아차리는 것부터 해 보면 어떨까요?

그다음은요? 이 대화를 통해서 내가 얻어내고 싶은 것이 있다고 하더라도 내가 만나는 상대와 연결되고 싶다는 마음이 필요합니다. 연결된 마음이 있다고 하더라도 준비되지 않으면 습관적인 말과 표정이 드러날 수 있습니다. 스몰토크는 상대와의 연결을 위한 나의 준비가 있어야 합니다.

양방향으로 막힘없이 흐르는 대화를 만드는 스몰토크에 대한 생각을 공유합니다.

· 날씨, 일, 여행, 음식, 취미, 방금 일어난 사건 등의 가벼운 주제로 시작할 수 있습니다.

- '왜 물어보는 걸까?'라는 생각이 들지 않도록 내 이야기를 먼저 합니다.

- 답정너! 기대하는 답변이 있다면 물어보지 않습니다.

- 옳고 그름의 판단 평가 없이 듣습니다.

- 상대방의 답변과 연결하여 이야기 속으로 들어갑니다. 갑자기 다른 주제의 질문을 하지 않습니다.

- 스몰토크로 질문을 했다는 것은 듣기 위한 것임을 기억합니다.

- 대화의 주제가 이미 공유가 된 상황이라면 바로 본론으로 들어가도 됩니다.

　계약서를 작성하기 위해 세일즈맨을 만났다고 생각해 봅니다. 만나자마자 계약서를 주면서 "확인하시고 서명해 주시면 됩니다." 라고 말한다면 기분이 어떨까요? 계약서에 서명하러 온 것이 맞기는 하지만, 뭔가 불편한 마음이 듭니다. 이 사람과 계약을 하는 것이 맞는 것인지 의심하기도 합니다. 만나면 반갑게 인사하고, 가벼운 이야기도 하면서 편안한 분위기가 되었을 때 계약서를 확인하고 서명을 하면 조금 더 편할 것 같습니다. 그렇다고 편안한 분위기를 만들기 위한 스몰토크가 너무 길어지는 것도 안 되겠지요? 이럴 때 필요한 것은 메인 대화로 전환하는 것입니다. 계속 스몰토크만 하면서 시간을 낭비할 수 없기 때문입니다.

"잡담만 하다가 면담시간이 끝나는 경우가 많아요."

"업무적인 대화, 목표달성에 대한 이야기를 시작하면 얼굴 표정이 굳어져서 불편해져요."

조직의 팀장, 중간관리자 분들 중에 언제 메인 대화로 들어가야 하는지 모르겠다고 말씀하시는 분들이 있습니다. 그 이유를 물어보면 대화를 부드럽게 진행하기 위해서라고 말씀하시더라고요. 세상의 모든 대화가 항상 부드럽고 매끄럽지는 않습니다. 그럴 때는 그냥 시작을 알려주시면 됩니다. "이제 우리가 함께 고민해야 하는 것을 나누어 볼까요?"라고 메인 대화에 초대하는 것입니다.

메인 대화가 시작되자마자 얼굴 표정이 굳어지는 것이 정말 문제가 될까요? 심각한 이야기를 해야 하는데 얼굴에 미소가 가득한 것도 이상한 일입니다. 표정이 굳어지는 것이 문제가 아니라, 상황에 맞지 않는 표정이 문제입니다. 메인 대화가 시작되면서 만들어지는 얼굴 표정은 그 상황을 어떻게 받아들이는가를 보여주는 것입니다. 이것도 대화의 일부분입니다. 상대방의 얼굴 표정, 몸언어도 읽어주세요.

말을 해야 할 때와 대화를 해야 할 때를 구분할 수 있으면 좋겠습니다. 크고 깊은 대화를 하기 위해서는 작은 대화부터 시작된다는 것도 기억해 주세요. 그렇게 관계가 깊어지고, 조직의 문화에 영향을 미치는 심리적 안전감을 높일 수 있습니다.

마지막으로, 음료와 함께했으면 좋겠어요.
무언가를 함께 먹으면 대화의 긴장감을 풀어줄 수 있거든요.

8

피드백은 창과 방패의 상호작용입니다

"피드백을 하면 직장 내 괴롭힘이라고 생각하는 경우가 많다고 합니다."

"기분 나쁘게 불편한 이야기를 하느니 그냥 제가 다시 합니다."

"대체 어디까지 말하는 것이 갑질이 아닌가요?"

피드백을 하는 것이 어렵다고 말합니다. 정말로 쉽지 않습니다. 팀장과 팀원의 관계에서 좋은 관계를 만들기 위해, 불편한 이야기를 사전에 없애고, 팀장이 팀원의 일을 대신하면 해결이 될까요? 한 순간은 해결되었으니까 괜찮다고 생각할 수 있겠지만, 지속적인 더 나은 관계를 생각한다면, 항상 그렇게 할 수 없습니다. 침묵이라는 커뮤니케이션 도구를 잘못 사용하는 것입니다.

피드백은 상호작용입니다. 팀장이 팀원에게 하는 것이 아니라, 팀원이 팀장에게도 할 수 있습니다. 응원하고 격려하고 지지하는 피드백만 하고 싶지만 현실 세계는 불편한 이야기를 해야 하는 상황이 더 많기도 합니다. 그래서 피드백은 창과 방패의 대화라고 생각합니다. 차갑고 날카로운 것이 서로 부딪칩니다. 상처가 남을 수도 있습니다. 앞이 보이지 않는 크고 두꺼운 방패를 준비해서 무조건적인 방어를 할 수도 있습니다. 전쟁터에서는 누군가 한 명이 살아남는 것을 중요하게 생각하겠지만, 업무 현장에서는 한 명의 생존을 위해 피드백하는 것이 아니라, 우리의 생존을 위해 피드백이 필요합니다.

피드백은 하는 사람이 준비하고, 받는 사람은 수용하고, 수용할 수 없다면 거절 의사를 표현할 수 있으며, 그에 대해 설명할 수 있으면 됩니다. 넷플릭스Netflix에서 이야기하는 4A가 그렇습니다. 4A 기법은 투명함을 원칙으로 하는 넷플릭스의 피드백 가이드라인입니다. 4가지 A를 살펴보면 다음과 같습니다.

- **Aim to assist**(도움에 집중): 도움을 주고자 하는 목적으로 피드백을 제공합니다. 비판적 피드백은 동료를 비판하거나 나무라기 위함이 아닙니다.
- **Actionable**(행동 기반): 피드백은 당장 액션을 취할 수 있는 조언으로 구성합니다.
- **Appreciate**(감사하기): 피드백을 제공하는 것은 쉽지 않은 일입니다. 따라서 동료의 성장을 위해 용기를 내어 피드백을 준 동료에게 감사의 마음을 전합니다.
- **Accept or Discard**(수용 여부 표현하기): 비판적 피드백에 대한 수용 여부는 본인이 판단합니다. 피드백을 수용하지 않기로 결정했다면 이유와 함께 본인의 대안을 설명합니다.

피드백은 하는 사람과 받는 사람 모두가 주도적으로 '하는 것'입니다. 팀장과 팀원, 팀과 팀으로 주고받는 피드백 문화가 정착되기 위해 여섯 가지를 제안합니다.

제안 1. 그라운드룰 만들기.

피드백과 관련한 약속을 구성원들과 함께 만들어 보면 어떨까요? 성과 관리, 구성원의 성장, 팀 분위기 조성 등에 피드백은 중요하게 작동합니다. 이러한 피드백을 하는 것은 팀장의 일입니다. 그리고 그것을 반영하는 것이 팀원의 일이기도 합니다. 이 과정에서 감정이 상할 수도 있습니다. 감정이 상할까 봐 안 하는 것이 아니라 '피드백의 주고받음에서 이렇게 하자!' 하는 약속을 만드는 것입니다.

제안 2. "잠깐 얘기 좀 할까요?"라고 하지 않습니다.

잠깐이 얼마만큼인지, 어떤 말을 하려고 하는 것인지 상대방에게 긴장감을 유도하게 됩니다. "○○ 업무 관련해서 피드백 시간을 가지려고 합니다. 오후 4시 정도 괜찮아요?"

주제가 무엇인지, 자신이 할 이야기도 준비해 올 수 있도록 해주세요. 피드백은 말을 하는 것이 전부가 아니라, 상호 교환하는 과정과 수용하고 적용하는 긴 호흡의 대화입니다.

제안 3. 내 말에 취하지 않습니다.

피드백을 짧게 하기 위한 준비를 합니다. 생각난 김에 말하는 것이 아니라 생각해서 말합니다. 말을 하다 보면, 내 감정에 말을 길게 할 수 있습니다. 내 말이 먹힌다 싶어도 길어지고, 먹히지 않는다 싶어도 길어집니다. 짧은 문장으로 가되, 정말 필요한 이야기를 하고, 그것에 대해 상대의 생각을 듣는 과정으로 연결합니다.

제안 4. 피드백 미팅에 대한 내용을 기록으로 남깁니다.

누가 작성하는 것은 그라운드룰로 정하면 됩니다. 우리의 대화 내용이 정리되고 공유되는 것이 필요합니다. 피드백 미팅이 있었고, 시간과 장소, 기대사항, 관련 사항 실행 점검에 대한 내용이 기록되면 변화 사항도 점검할 수 있습니다. 기록에서 필요한 것은 '키워드로만 남기지 말자'입니다. 맥락을 포함한 문장으로 남겨지는 기록을 추천합니다.

제안 5. '왜 하려는 거지?'를 먼저 생각해 봅니다.

피드백을 하기 전에 꼭 생각합니다. 내가 기분이 좋지 않아서 쏟아내려고 하는 것인지 앞으로 일하는 방식에 변화를 지도하기 위함인지 구분해야 합니다. 전자라면 하지 않습니다. 후자라면 내가 바라는 변화 모습을 구체적으로 알려줍니다. 그냥 잘하자가 아니라, 어떤 모습으로 잘하자는 것인지 알려줍니다.

제안 6. "기분 나쁘지 않게 들었으면 좋겠어요."라는 말로 시작하지 않습니다.

이런 말은 듣는 순간 기분이 나빠집니다. 피드백, 쉽지 않습니다. 그렇다고 하지 않는다면 팀장님의 직무유기입니다. 피드백은 상호작용임을 다시 생각하면서 할까 말까의 고민이 아니라, 필요한가 하지 않은가를 생각하고, 팀장과 구성원, 결국 우리에게 필요한 것이라면 정확하게 전달될 수 있도록 준비합니다.

9

존중은 작은 행동에서 시작됩니다

무엇인가를 보면서 대단하다고 느꼈던 기억이 있으십니까?

파도치는 바다를 보며, 떠오르는 태양을 보며, 하늘을 빨갛게 물들이는 석양을 보며, 나무 사이로 비치는 햇살을 보며 자연의 대단함을 느꼈던 적이 있습니다. 그 자체를 귀하게 여기고 인정하는 마음, 이것이 바로 '존중'입니다.

감사하게도 인간에게는 존중하는 마음이 기본 장착이 되어 있다고 합니다. 훈련을 통해서 더 강화하거나 약해지기도 하지만, 기본 내장이 되어 있다고 하니 참 좋습니다. '존중의 마음'이 기본적으로 장착되어 있다고 하지만, 부족한 점이나 문제점에 집중하다 보면 존중의 마음이 약해집니다. 존중을 하려면 가지고 있는 강점, 장점, 잘하고 있는 점 등을 발견하고 말로 표현하면 도움이 된다고 합니다. 더불어 이야기를 들은 상대가 그것을 인정하고, 긍정 리액션을 해주면 존중하는 분위기가 조성되는 것입니다.

상담을 받을 때, ○○박사님께서 저에게 하셨던 이야기가 여운으로 남아 있습니다.

"잘난 거 5가지만 말해주세요. '부족하지만~'이라는 단어 빼고!"

"… ^^;"

"자기 일에 열정을 가지고 있고, 주변 사람들에게 따뜻하고, 항상 더 나아지기 위해 공부하는 모습이 있잖아요. 왜 이런 말을 못 해요? 부족한 거 5가지 말하라고 하면 막~ 떠오르죠?"

"… 네 ^^;;;"

잘난 점, 잘하고 있는 것을 떠올리라고 했을 때, 머리가 하얗게 되더라고요. 막상 말로 표현하려니까 설명을 하기 시작하고, '부족하지만', '아닐 수도 있지만' 등의 말이 따라오기 시작했습니다. 그리고 박사님이 저에 대해서 이야기를 해 주시는데, 부끄러우면서도 기분이 좋아졌습니다.

조직에는 잘하는 사람, 못하는 사람으로 분류를 하기도 합니다. 그러나 정확히 보면, ○○○을 잘하는 사람, ○○○이 익숙한 사람, ○○을 처음 해 보는 사람이 있는 것입니다. 그리고 잘하는 사람만 존중받을 자격이 있는 것은 더더욱 아닙니다. 이런 사람, 저런 사람이 있고, 모두가 잘하는 점도 있고, 아쉬운 점도 있고, 그것은 계속 변합니다.

자신의 부족한 점만 들여다보면, 상대방을 볼 때도 부족한 점에 초점을 맞추게 될 확률이 높습니다. 또한, 자기 존중을 하지 못하면서 타인 존중만 하는 것이 가능하다면, 그것은 자기를 불행의 구렁텅이로 밀어 넣는 행동일 것입니다. 존중은 존중으로 돌아옵니다. 나와 나의 관계, 나와 상대의 관계, 우리와 우리의 관계가 모두 상호성의 법칙에 따라 움직이게 됩니다.

존중이 본능임에도 불구하고, 본능대로 살지 못했다면 작은 행동으로 시작해서 지속적인 훈련을 하면 됩니다. 제가 들었던 존중 훈련법 중에서 가장 기억에 남는 것은 대자연을 자주 보라는 것입니다. 대자연은 존재만으로도 감탄을 표현하게 만들어주기 때문에 존중의 마음을 크게 만들 수 있다는 것입니다. 여행을 가서 대자연을 보는 것도 좋겠지만, 일상에서도 하늘을 보고, 산을 보고, 나무를 보고, 큰 건물을 보면서 감탄하는 것으로도 도움이 된다고 합니다.

그 외에는 커뮤니케이션과 연결된 방법들이 있습니다.

자기 지식을 쌓고 스스로를 이해합니다. 우리는 모두 고유합니다. 내가 가지고 있는 가치나 신념, 감정, 경험에 대해 생각해 보는 시간을 갖게 되면 스스로를 이해하는 데 도움이 됩니다. 가치나 신념이 없는 사람은 없습니다. 무의식중에 만들어졌기 때문에 알아차리지 못하는 경우가 있을 뿐입니다. 내가 중요하게 생각하는 것이 무엇인지, 내가 관심 있는 것이 무엇인지 알려고 노력하는 매 순간 우리는 자기 이해도를 높이게 됩니다. 자신에 대한 이해도가 생기면, 자기 조절력에도 긍정적 영향을 미칠 수 있습니다.

상대의 이야기를 경청합니다. 세상에서 어려운 것 중 하나가 '듣기'라고 생각합니다. '경청'은 그냥 듣는 것이 아닙니다. 귀를 열고, 몸과 마음을 상대를 향해 기울이고, 집중해서 듣는 것입니다.

상대의 의도와 의견을 존중하는 것입니다. 의견은 다를 수 있습니다. 다름을 제대로 인정하기 위해서는 상대의 이야기를 끝까지 듣는 것이 필요합니다.

비난이 아니라 대안을 함께 찾습니다. 상대의 의견이 탐탁지 않을 수 있습니다. 그럴 때 올라오는 감정을 알아차리고, 내가 중요하게 생각하는 욕구를 알아차리면 비난이 아니라 대안을 찾을 수 있게 됩니다. 나의 의견과 그의 의견이 다르다는 것에 머무르는 것이 아니라, 우리에게 필요한 것이 무엇인지에 집중하는 대화를 할 때 우리는 서로 존중하는 것을 온몸으로 표현할 수 있습니다.

상대에게 감사의 눈빛을 전합니다. 우리가 함께 문제를 해결하고자 노력하는 그 과정에 대해 인정, 칭찬하고, 고맙다는 말로 표현하는 것은 중요한 일입니다. 더불어 말로만 표현하는 것이 아니라, 감사한 마음을 알려주는 것은 필수입니다. 따뜻한 눈빛을 보여주세요. 감사의 눈빛을 서로에게 전달할 때 우리는 존중감으로 충만해질 수 있습니다.

우리는 누구나 존중받아 마땅합니다.

10

도구는 사용하는 사람이
중요합니다

　무엇에 동기부여 되십니까? 동기부여에 필요한 것을 조사해 보면, 가장 많이 나오는 것이 금전적 보상입니다. 그다음은 회사의 제도나 명확한 업무 목표, 성장 기회, 근무환경, 개인의 체력도 중요한 동기 요인으로 등장합니다. 여러 가지 중에서 가장 중요한 것이 무엇이냐고 물어보면, '동기를 유발해 주는 사람'이라고 조사되는 경우가 많았습니다. 개인의 일상 시간에서는 가족이고, 조직 구성원의 시간에서는 함께하는 동료입니다.

　『피플 웨어』의 저자, 톰 디마르코Tom De Marco와 티모시 리스터

Timothy Lister가 30여 년간 많은 기업을 컨설팅하면서 업무 능력에 가장 큰 영향을 끼치는 요소로 꼽은 것은 바로 '함께 일하는 파트너'입니다. 함께 일하는 파트너가 뛰어난 능력을 갖추고 있다면, 협업하는 플레이어들도 능력을 키우면서 일을 잘 마무리하게 된다고 합니다. 반대로 파트너가 수행 능력이 부족하고 일을 끝까지 해내지 못하면, 업무 생산성도 낮아지고, 관계적인 갈등이 발생하여 미래의 문제도 발생할 수 있다고 주장합니다. 또한, 구성원의 경력과 업무 결과에 대한 연구도 있는데, 경력으로 인한 능력의 평균적인 차이는 21%라고 발표합니다. 이것은 일하는 방법이나 순서에 영향을 미치게 될 뿐 업무 결과에는 큰 영향을 미치지 않는다는 것입니다.

연구 결과를 정리하면, 조직에서 함께 일하는 파트너가 있다는 것은 매우 중요하며, 경력이 오래된 파트너보다 좋은 시너지를 만들어 낼 수 있는 파트너가 필요하다는 것으로 해석할 수 있습니다.

업무 현장에서 함께 일하게 될 동료를 선택할 수 있을까요? 그리고 선택할 수 있다고 하더라도 그 선택이 100% 옳을까요?

일 잘하는 사람은 이런 역량을 가지고 있다고 예측할 수 있지만, 이러이러한 요건을 충족한 사람은 언제나, 늘, 항상, 좋은 성과를 낸다고 명확하게 표현할 수 없습니다. 우리는 단지 과거의 모습과 함께 미래의 가능성만 확인할 수 있습니다.

최복동! '최고의 복지는 동료'라는 단어의 줄임 표현인데요. 함께 일하는 동료가 나에게 복지가 되고, 내가 누군가에게 복지가 된다는 의미입니다. 함께 일하는 동료가 중요하다는 것이죠. 동료들과 함께 일한다는 것은 결국 커뮤니케이션을 하고 관계가 형성되는 것입니다.

커뮤니케이션은 도구입니다. 도구는 누구나 가지고 있지만, 그것을 힘이 되는 무기로 만드는 것은 얼마나 갈고닦는지에 따라 달라집니다. '커뮤니케이션'이라는 도구를 무기로 만들기 위해 커뮤니케이션이 조직에서 어떤 역할을 하는지 알아보겠습니다.

첫 번째 역할은, '조직 성과에 기여'입니다. 조직이 성과를 낸다는 것은 문제를 해결하는 것입니다. 그 문제는 이미 발생한 것일 수도 있지만, 현재보다 더 나은 미래를 위한 탐색 과정에서 찾게 되는 문제일 수도 있고 앞으로 일어날 것이라고 예상되는 문제일 수도 있습니다. 그런 문제의 해결은 조직에 소속되어 있는 모든 플레이어의 '공동 목표'가 됩니다. 조직 커뮤니케이션이 제 역할을 한다는 것은 조직의 성과와 개인의 문제 해결 능력을 높이는 것입니다.

두 번째 역할은 '조직의 유기적 연결'입니다. 조직은 공동의 목표 달성을 위해 '팀'을 구성합니다. 회사라는 큰 조직을 위해 팀 단위의 작은 조직들이 유기적으로 공동의 목표를 위해 움직이는 것입니다. 이때 활용되는 조직 커뮤니케이션은 긍정적인 동기부여 에너지를 만들고 조직의 사기를 높이는 데 활용될 수 있습니다.

세 번째 역할은 '신뢰의 강화'입니다. 신뢰의 가치가 점점 높아지고 있습니다. 특히 성과 관리 측면에서 주목을 받고 있습니다. 조직의 '신뢰 자산'에 대한 연구는 다양하게 진행되고 있으며, 신뢰도가 높은 조직이 생산성도 높다는 연구 결과가 많이 있습니다. 신뢰는 정보나 결과를 투명하게 공유하는 것부터 시작합니다. 공유가 된다는 것은 말과 글을 통해 가능합니다.

네 번째 역할은 '건강한 관계 조성'입니다. 개인 간 유기적인 상호작용은 조직의 성과에만 영향을 미치는 것이 아니라 노력하는 개인의 성장도 돕습니다. 조직의 구성원들이 서로의 성장을 응원하고 그 관계를 유지할 수 있도록 노력하면 조직의 문화는 건강해집니다. 건강한 문화 안에서는 서로 의견이 다를 수 있음을 인정하고, 왜곡이나 오해를 줄이기 위해 더 많은 커뮤니케이션을 합니다. 이는 플레이어-플레이어, 리더-플레이어, 경영진-조직 구성원, 크게는 조직-고객 주주의 관계까지 확장할 수 있습니다.

마지막은 '기대되는 미래'입니다. 세상이 변하듯 조직도 변합니다. 잘 나가던 기업 브랜드가 역사 속으로 사라지기도 하고, 새로운 브랜드가 나타나면서 세상을 혁신적으로 만듭니다. 기존에는 없었던 AI 기반의 스타트업, 기술개발 기업들이 새롭게 태어나고 있습니다. 또한 기존의 기업들도 AI를 기반으로 사업 영역을 확장하고 있으며, 일하는 방식에서도 오픈AI를 적용하여 변화를 만들고 있습니다. 조직은 지속 성장의 사명을 가지고 있으며, 변화와 혁신을 통해 미래를 만듭니다. 이것을 가능하게 하는 것은 자유롭게 생각하고 아이디어를 공유하고 실행하고, 실수와 재도전을 할 수 있는 커뮤니케이션 환경입니다.

조직 내 커뮤니케이션을 향상시키 위해서는 환경을 구축하는 것이 중요합니다. 그러나 커뮤니케이션을 잘하기 위한 공간이나 시스템 환경이 완벽해지는 것을 기다릴 수 없기 때문에 구성원 개개인들의 커뮤니케이션 활동이 강조되는 것입니다. 커뮤니케이션을 잘하기 위해 동료들과 연습만 할 수는 없습니다. 잘하고 싶어서 무조건 많이 하는 것은 커뮤니케이션의 양적인 측면만 늘어나게 하는 것입니다. 업무 커뮤니케이션은 수다처럼 많은 양이 필요한 것이 아니라, 적절한 양의 품질 좋은 커뮤니케이션을 하는 것이 중요합니다.

커뮤니케이션 환경

현재의 환경에서 커뮤니케이션을 잘하기 위해서는 개인적으로 '의도적 수련'이 필요합니다. 품질 전문가 제럴드 와인버그Gerald Marvin Weinberg는 "품질이란 누군가에게 가치가 되는 것이다."라고 정의합니다. 커뮤니케이션 역시 누군가에게 가치를 제공하는 것입니다. 더불어 자신의 가치가 높아지기도 합니다. 그렇기 때문에 동료나 리더, 외부 고객들과 원활한 커뮤니케이션을 위해서 머리와 마음으로 시뮬레이션을 하는 것입니다.

시뮬레이션은 신입사원이나 초보가 하는 것이라 생각할 수 있습니다. 그러나 잘 모를 때는 시뮬레이션이 훨씬 어렵습니다. 많이 경험해 보았을 때 더 잘하기 위한 방법도 찾게 됩니다. 마치 호흡하는 것과 비슷합니다. 인간은 태어나는 순간부터 숨을 쉬고 있지만, 호흡이 항상 고른 것은 아닙니다. 평소에는 편안하게 호흡하는 것 같지만, 중요한 순간에는 호흡이 가빠지는 경우가 있습니다. 이럴 때는 잠시 심호흡을 하라고 합니다. 커뮤니케이션 역시 말을 할 줄 알고 귀로 들을 줄 안다고 해서 자연스럽게 되는 것이 아닙니다. 업무 현장에서 성과를 내기 위해서는 일상 업무를 잠시 멈추고, 어떻게 말을 하고 들어야 하는지 의도적으로 멈춰서 이미지 트레이닝을 합니다. 이는 1 대 다수의 프레젠테이션뿐 아니라, 1대1의 대화를 하기 전에도 큰 도움이 됩니다.

커뮤니케이션을 잘하기 위해서는 나와 다른 관점의 '피드백'이 필요합니다. 수시로 혹은 정기적으로 피드백을 받으면 커뮤니케이션은 더 좋아질 수 있습니다. 건강하기 위해서는 '평소 운동'이 필요합니다. 여기에 더해서 트레이너에게 운동하는 방법과 자세를 점검 받으면 그 효과는 더 향상됩니다. 또한, 병원 정기검진을 통해 내 몸 상태를 더 정확하게 확인하면 운동법에 변화가 필요할 수도 있습니다. 예를 들어 건강을 위해 웨이트 트레이닝을 했는데, 나에게 맞는 진짜 운동은 요가일 수도 있고 혹은 운동을 하면 안 되는 상황일 수도 있기 때문입니다. 그렇기 때문에 전문가를 통해 정확한 피드백을 받는 것이 중요합니다. 그렇다면 업무 커뮤니케이션 피드백은 누구에게 받아야 할까요? 바로 업무 현장의 '파트너'입니다.

우리는 서로에게 전문가이자 복지입니다.

'피드백을 한다.', '피드백을 받는다.' 어떤 상황이든 마음이 편하지 않을 수 있습니다. 그래서 피드백을 하는 사람의 '마음 시작점'이 중요하고, 피드백을 받는 사람의 '열린 마음'이 필요합니다. 나와 네가 아닌 우리가 되기 위해서는 서로 피드백을 해주고 그것을 받아들일 수 있는 문화를 만드는 것이 필요합니다. 조직 커뮤니케이션은 배우고 익힐수록 더 잘할 수 있습니다.

Part. 2

Expression
표현

1

기본이 약하면
흔들립니다

『수학의 정석』을 아시나요?

대한민국에서 학교를 다니고, 수학을 배웠다면 대부분 아시더라고요. 수학의 개념서라고 하는데, 개념을 배우고 익히고, 문제를 풀어내는 것이 저는 개인적으로 참 어려웠습니다. '정석'이라는 뜻을 다시 한번 찾아보니 '최선이라고 인정한 일정한 방식'이라고 합니다. 일정한 방식이라면 암기로 해결할 수 있을 것 같지만 그렇지 않았습니다. 공식을 외우는 데 집중하고, 진짜 풀이를 할 때는 그 공식을 생각하지 못했거나 적용하지 못했던 것이 아닐까 생각합니다.

조직에서 커뮤니케이션을 잘하기 위해서도 잘 지켜야 하는 기본 태도가 있습니다. '조직 생활에서 이것만은 지키자.' 하고 구전으로 내려오는 키워드 5가지를 소개합니다.

기본 태도 첫 번째는 '인사'입니다. 인사는 사람과 사람이 만나서 하는 일입니다. 인사가 인생을 바꾼다는 이야기가 있습니다. 관계의 시작, 해결의 시작은 인사부터라고 해도 과언이 아닙니다. 잘 모르는 사이라고 해도 업무 실행을 위해 만났다면 반갑게 인사를 합니다. 서로 인사를 하지 않으면 업무를 진행하는 데 부정적인 영향을 줄 수 있습니다. 인사는 먼저 하는 사람이 주도권을 갖게 됩니다.

우리 조직의 '인사' 모습을 질문과 함께 생각해 볼까요?

- 인사는 신입사원에게만 중요한 태도입니까?
- 인사는 경험이나 경력이 낮은 사람이 선배나 상사에게 하는 것입니까?
- 인사하지 않는 리더는 구성원에게 관심이 없다고 해석하면 될까요?

• 인사를 잘하기 위해 어떤 노력을 하시나요?

'후광효과'라고 합니다. 겉으로 보이는 모습을 통해 '이 사람은 어떨 것이다.' 판단하게 됩니다. 이것이 심해지면 고정관념이나 편견으로 연결되기도 합니다. 인사하는 자세나 표정, 인사말까지 자신의 업무상 행동과 결과에도 영향을 미칠 수 있음을 생각하면서 직급이나 역할을 떠나 먼저 인사를 하면서 분위기도 부드럽게 만들고 모두가 주도권을 가질 수 있으면 좋겠습니다.

기본 태도 두 번째는 '말하기'입니다. 회사에서 말하기는 보고하는 것과 연결되어 있습니다. '아이디어는 시작을 만들고, 보고는 결과를 만든다.'라는 말이 있습니다. 말을 한다는 것은 정보와 피드백을 공유하고, 의사결정에 영향을 주기 때문입니다. 내용을 준비하고, 누구에게 말하는지, 무엇을 위해 말하는 것인지 생각을 정리해야 합니다. 보고를 하는 사람, 보고를 준비하는 사람이 결을 맞추는 시간도 필요합니다.

조직에는 협업을 방해하는 'NIH 증후군Not invented here syndrome'이 있습니다. 말 그대로 '여기에서 개발한 것이 아니다Not invented here.'라는 의미로, 제3자가 개발한 기술이나 성과를 인정하지 않는 배타적인 태도를 말합니다. 사람들은 자신이 생각해 낸 아이디어를 과대평가한다는 의미도 포함하고 있습니다. 자신의 의견만 중요하고, 타인의 의견은 부족하다, 잘못되었다는 생각을 하게 되는데, 이것은 아이디어를 공유하고 진화시키는 데 방해가 됩니다. 비전과 목적, 목표를 두고 모두가 말할 수 있는 기회를 주는 것, 너무 늦지 않게 공유할 수 있는 사전보고, 중간보고, 결과보고, 기획보고 등의 말하기를 생각해 봅니다.

기본 태도 세 번째는 '듣기'입니다. 보고를 잘하기 위해 많은 플레이어들은 고민하고 리허설을 합니다. 하지만 듣는 것은 어떤가요? 듣는 것이 중요하다는 것은 알지만, 잘 듣는 행동을 놓치는 경우가 있습니다. 제대로 들어야 제대로 일할 수 있습니다. 그래서 '경청'이라고 합니다. 경청은 '상대방의 이야기를 듣는 것'으로 쉽게 할 수 있을 것 같지만, '적극적으로', '공감적으로', '맥락을 이해하면서' 등의 설명이 붙는 것을 보면 쉽지 않아 보입니다. 잘 듣는다는 것은 들으려는 의지와 태도가 포함되어 있습니다. 만나서 경청하는 것도 쉽지 않은데, 디지털 도구Digital Tools의 글을 통한 듣기, 버추얼virtual 회의가 진행되는 경우에는 화면으로 잘 듣는 것도 중요하고, 내가 듣고 있음을 상대에게 알려주는 것도 필요합니다.

기본 태도 네 번째는 '기여'입니다. 최고의 복지는 동료입니다. 주변에 도움을 주려는 플레이어들이 있습니다. 참 감사한 분들입니다. 주변에서 도움을 요청할 때도 있지만 요청하지 못하고 혼자 힘들어하는 경우도 있습니다. 주변을 돌아보고 분위기를 감지해서 먼저 도와주려고 해 보면 어떨까요? 도와준다는 것은 손발을 활용한 도움도 있고, 생각과 말을 통해서 도와줄 수도 있습니다. 플레이어라면 파트너나 리더에게 도움을 줄 수도 있고, 리더라면 플레이어에게 피드백이나 조언 등으로 성장 지원을 할 수도 있습니다.

우리는 혼자 일하고 있는 것 같지만 누군가와 함께 일하고 있습니다. 일을 한다는 것 자체가 기여의 활동입니다. 동료에게, 부서에, 조직 전체에, 고객에게 기여하기 위한 움직임입니다. 누군가에게 주는 기여뿐 아니라, 자신을 위한 기여도 발견합니다. 자기 관찰은 자기 성장에 필요한 것을 위해 채우거나 버려야 하는 것을 찾을 수 있도록 도와줍니다.

마지막으로 '험담'입니다. 직장 생활을 하다 보면 불편한 상황들이 있고, 불만이 생길 수 있습니다. 신기하게도 직장에서 파트너들과 친해지는 가장 빠른 방법은 '우리를 힘들게 하는 대상'을

'함께 험담하는 것'입니다. 공동의 적이 생기면서 서로에게 동질감을 느끼기 때문입니다. 하지만 사람들과 함께 험담을 한 이후, 해당 플레이어와 업무를 하게 되면 업무 커뮤니케이션에 부정적인 영향을 미치게 될 확률이 높아집니다. 인간은 감정의 동물로, 감정을 수반한 의사결정을 할 수 있기 때문입니다. 간혹, 동료애를 가지고 공감의 표현으로 험담을 하게 된다고 말씀하시는 분들도 있습니다. 험담의 뜻을 검색해 보면, '남의 흠을 들추어 헐뜯음'이라고 나옵니다. 이것은 험담을 멈추라는 의미와 현명하게 험담하는 것을 생각하게 해 줍니다. 현명하게 험담하는 방법은 무엇일까요?

- 개인의 의견임을 밝히기
- 사람을 험담하는 것이 아니라, 그 상황에서 한 행동에 대해 말하기
- 당사자에게 할 수 있는 표현으로 다른 사람에게도 표현하기

조직 커뮤니케이션에서 갖추어야 하는 기본 태도는 조직에 처음 합류하는 신입사원만을 위한 것이 아닙니다. 조직의 구성원이라면 직급이나 연차 상관없이 모두가 지켜야 합니다. 이와 같은 기본 태도를 갖추고 업무 커뮤니케이션을 하는 것이 조직 성과에 긍정적인 영향을 미칠 수 있음을 기억합니다.

2

리더의 표현이
조직을 디자인합니다

디자인Design 하면, 무엇이 떠오르시나요?

완성된, 멋지고, 예쁜 상품을 떠올리는 경우가 많습니다. 그러나 디자인은 훨씬 더 포괄적인 개념으로 개발 계획과 그 계획에 맞추어 결과물을 만들어 내는 행위를 담고 있습니다. 즉, 디자인이란 완성하려는 사물이나 행위를 위한 준비 계획과 과정입니다. 우리는 모두 개인 삶의 디자이너입니다. 개인의 문제를 해결하고, 자신이 소속되어 있는 조직의 문제를 협업으로 풀어갑니다. 문제를 해결하는 데 자신의 역할은 관점을 만들고, 그 관점에 따라 표현하게 됩니다. 1년 차 직원과 10년 차 직원의 관점이 다를 수 있고, 기존 사원과 경력사원이 바라보는 관점이 다를 수 있습니다. 저마다의 경험과 역할, 책임이 다르기 때문입니다.

"팀에서 선임 역할을 할 때 형님 리더십으로 팀원들과 잘 지냈습니다. 진짜 팀장이 되었는데, 그동안의 형님 리더십이 발휘되지 않는 것 같더라고요. 상사에게 어떻게 하면 좋겠냐고 물었는데, 지금처럼 하면 된다고 말씀하셨습니다. 그러나 그것이 답은 아닌 것 같았습니다. 저는 그대로였지만, 팀원들에게 저는 더 이상 형님이 아니라 팀장이더라고요."

역할에 따라 커뮤니케이션을 Re디자인하는 것을 추천드립니다. 친구와의 커뮤니케이션과 가족과의 커뮤니케이션은 다릅니다. 동료와의 커뮤니케이션과 고객과의 커뮤니케이션도 달라집니다. 팀원의 역할로, 팀장의 역할로 하게 되는 커뮤니케이션도 다릅니다. '상황에 따라 달라진다면 일관성이 없는 것이 아닐까?' 생각하실 수도 있지만, 역할과 책임에 맞는 커뮤니케이션이 필요합니다.

우리 모두가 아이로 막 태어났을 때는 '소리'로만 커뮤니케이션 했다면, 언어를 배우면서는 말과 글로 생각을 표현합니다. 내가 소속된 곳에서 필요로 하는 리더의 모습이 있습니다. 또한 내가 보여주고 싶은 리더의 모습도 있겠지요. 나를 필요로 하는 조직의 리더에 맞는 커뮤니케이션을 하기 위해서는 시간이 필요합니다.

'자기표현'은 상대방에게 불쾌감을 주지 않고 상대방의 권리를 침해하지 않는 범위에서 자신의 욕구와 생각, 감정 등을 있는 그대로 솔직하게 나타내는 행동입니다. 팀장의 자리는 누구에게 자기표현을 해야 할까요? 팀을 구성하고 있는 팀원들에게, 팀의 상위 조직 리더에게, 협업하는 부서에 혹은 그 부서의 리더에게 표현합니다.

자기표현을 분류해 보면, 3가지로 나누어 볼 수 있습니다. '나는 이런 유형의 사람이야.'가 아니라, 지금 상황에서는 어떤 모습으로 자신을 표현하고 있는지 살펴보면 좋겠습니다.

첫 번째는 '표현하지 않는 유형'입니다. 다른 사람에게 자신의 감정과 생각을 표현하지 않는 경우입니다. 표현을 하지 않는 것은 자신의 생각과 감정보다 이해관계나 권위, 성격 등의 이슈로 상대의 그것이 더 중요하다고 생각할 때 나오는 행동입니다. 또한 표현하지 않는다는 것은 상대방에게 인정받지 못할 것이라는 두려움으로 상대에 대한 무조건적인 수용과 자기 생각에 대한 회피가 공존하면서 나타나는 모습일 수도 있습니다. 예를 들면, 리더나 선배 파트너의 말을 무조건 수용하고 자기 생각보다는 상대의 생각을 그대로 말하거나 문서로 작성하는 것입니다. 상대의 의견을 받아들이고 자신의 감정, 생각을 표현하지 않는 것이 불편한 상황을 만들지 않는 것으로 보일 수도 있습니다. 그러나 이러한 상황이 반복되다 보면 보이지 않는 빙산의 아래 부분이 크게 충돌하는 상황을 만나게 될 확률이 높습니다. 표현하지 않는 당사자 마음속에도 불만을 키우게 됩니다.

만약 팀장이 자신의 생각을 표현하지 않고, 위에서 내려오는 것을 그냥 전달만 하고, 협업부서 팀의 의견에 다 맞춰주고, 팀원들에게 의사결정의 기준 등을 설명하지 않는다면 어떻게 될까요? 조직에서 팀장이라는 직책을 부여한 것에는 이유가 있습니다. 팀장의 역할을 발견해야 제대로 표현할 수 있습니다.

두 번째 '효과적으로 표현하는 유형'입니다. 자기표현을 효과적으로 하는 것은 말을 잘한다는 것, 그 이상의 의미를 가지고 있습니다. 이것은 자기 주도성과 상대에 대한 존중을 모두 가지고 있는 경우에 가능합니다. 나의 역할이 어떤 것이고, 우리가 무엇을 해야 하는지 아는 것에서 출발합니다. 함께하는 사람이 나와 다를 수 있음을 인정하는 과정에서 생각과 행동이 공유되는 것입니다. 자기표현을 효과적으로 하는 경우에도 갈등은 발생할 수 있습니다. 이때의 갈등은 관계 갈등보다는 업무 갈등에 가까운 경우가 많습니다. 의견이 다를 수 있음을 확인하는 과정에서 만들어지기 때문에 업무를 하는 과정이나 결과가 만들어지면서 함께 협업했다는 동지애가 생기고 서로에 대한 신뢰가 높아질 수 있습니다.

마지막으로 살펴보고 싶은 유형은, '힘으로 강요하는 유형'입니다. 팀장이 된다는 것은 파워Power가 생기는 것입니다. 그 힘을 어디에 어떻게 사용하는지는 매우 중요합니다. 자기도 모르게 자신의 생각을 강요하는 상황이 만들어지기도 합니다. 강요는 자기 생각과 의견을 관철하면서 상대방의 생각이나 감정을 무시하게 됩니다. 강요하는 유형은 무조건적인 자기주장이나 강압적인 행동 같은 '직접형'과 드러나지는 않지만 은연중에 표현되는 '간접형'으로 나눌 수 있습니다. 강요하는 유형은 자기 생각이 정답이라 믿고 상대방에게 직간접적으로 표현하면서 대인관계에 부정적인 영향을 미칩니다. 자기 생각만을 강요하면 그 순간에는 승리한 것 같은 감정을 느낄 수 있지만, 협업을 망치거나 관계의 문제가 발생하게 됩니다.

조직에서 자기표현을 잘한다는 것은 자신을 드러내는 것 그 이상입니다. 조직에서 리더나 팔로워의 역할을 한다는 것은 서로에게 파트너가 되는 것입니다. 파트너들은 (1) 말하기와 듣기를 통해 서로를 깊이 이해하고 정보를 공유합니다. (2) 질문을 통해 일의 가치와 의미를 확장하고 문제를 발견하고 해결합니다. (3) 그 과정에서 서로가 정서적으로 힘을 준다면 갈등이 사전에 예방되거나 더 성장할 수 있습니다. (4) 그렇게 조직을 디자인하는 것입니다.

3

침묵하는 팀은 정체되고, 목소리 내는 팀은 성장합니다

"타인을 만족시키는 가장 탁월한 방법은 그들의 말을 경청하는 것이다. 말하고 명령하는 것이 지난 세기의 방법이었다면, 귀 기울여 경청하는 것은 21세기의 방법이라 할 수 있다." 미국 경영학의 대가인 톰 피터스Thomas J. Peters의 말입니다. 그만큼 리더십에서 경청이 중요하다는 것을 확인할 수 있습니다.

정보의 홍수 시대라고 합니다. 우리가 일하는 세상은 정보가 넘칩니다. 조직에서 리드하는 역할을 하는 사람이라면 많은 정보를 알아야 하는데, 모든 정보를 혼자 알아내기에는 한계가 있습니다.

그리고 한 사람의 관점으로만 정보를 수집하다 보면 정보나 해석을 함에 있어 치우침 현상이 나타날 수 있습니다. 이러한 문제를 사전에 방지하기 위해서는 같은 목적을 가진 플레이어들이 다양한 정보를 수집, 공유하는 분위기가 필요합니다.

새로운 세대는 양질의 정보를 검색할 수 있는 탁월한 능력이 있습니다. 미디어 기업 Awesomeness와 설문조사 기관인 Trendara가 수행한 한 연구조사에 따르면, Z세대는 가장 다양하고 가장 다문화적인 세대라고 말합니다. 기존 세대보다 소셜미디어에 더 가까운 Z세대는 사회적 이슈에 대해 친구나 동료들과 소통을 많이 합니다. Z세대는 세계와 가깝게 연결되어 있으며, 그 사이에는 많은 실시간 뉴스가 흐르고 있습니다. 정보를 지혜로 만드는 것은 리더가 도와줄 수 있지만, 다양한 정보를 수집하고 공유하는 것은 플레이어들의 능력입니다.

양질의 커뮤니케이션을 위해 리더가 가장 먼저 해야 하는 것은 '플레이어가 편하게 말할 수 있는 분위기를 조성'하는 것입니다. 즉, 리더가 부르기 전에 플레이어가 먼저 다가와 말할 수 있는 분위기를 만드는 것입니다. 그래서 지금 시대의 리더에게 요청되는 것은 '접근approach하기 쉬운 리더'가 되는 것입니다.

"팀장님은 어프로치(접근)가 쉬운 리더입니까?"

팀장님들에게 이런 질문을 드리면, 잠시 멈칫하고 갸우뚱하시다가 질문으로 답을 주시곤 했습니다.

"접근하기 쉬운 팀장이 되라는 것입니까?"
"의미는 알겠지만 접근하기 쉬우면 팀원들이 너무 자주 찾아옵니다. 그러면 제 일은 언제 하나요?"

이런 질문을 주시면, 첫 번째 질문에 대한 저의 답변은 주저 없이 "네."입니다. 두 번째 질문에는 "접근이 가능하다고 해서 구성원들이 필요할 때마다 수시로 찾아오고, 그때마다 일을 중단해야 한다는 것은 아닙니다."라고 말씀을 드립니다.

요즘에는 실무형 리더가 많습니다. 개인의 업무와 함께 구성원의 업무에 대해 의사결정을 내려야 합니다. 조직의 성과를 책임지는 자리에 있다면, 나의 업무와 함께 조직 구성원들의 성과를 관리하는 것도 리더의 일입니다.

조직마다 다를 수 있지만, 리더가 되면 자리 배치도 달라집니다. 일반적으로 리더의 업무 자리는 플레이어의 자리와 떨어져 있는 경우가 많습니다. 오픈형 사무실(변동 좌석제) 구조에서 모두가 원하는 자리에 앉을 수 있다고 해도 리더와 가까운 자리는 피하려고 하는 플레이어가 생각보다 많습니다. 그만큼 리더와 플레이어 간에는 보이지 않는 심리적 거리가 존재합니다.

'다가가기 쉽다.'는 것이 '좋아한다.', '편하다.'의 개념은 아닙니다. 좋은 소식이든 나쁜 소식이든 플레이어가 언제든 리더에게 이야기할 수 있다는 것을 의미합니다. 접근성이 높으면 사소한 문제들도 사전에 파악할 수 있으며 문제가 발생했을 때 최악의 상황이 되기 전에 해결할 수 있습니다.

조직의 구성원들과 '리더에 대한 접근성' 이슈로 생각을 나눈 적이 있습니다. 여기에 기록된 이야기가 모든 조직 구성원들의 생각이라고 말씀드리기는 어렵습니다. 구성원들은 리더를 어떻게 바라보는지 역지사지하는 데 도움이 되시기를 바라면서 공유합니다.

"어떤 리더에게 먼저 다가가고 싶은가요?"

· 표정이 편안한 리더

- 함께 문제를 해결할 수 있다고 말해주는 리더

- 반말하지 않는 리더

- 팀원 모두에게 공정한 리더

- "야"가 아닌, 이름을 불러주는 리더

- 나쁜 소식이라 하더라도 과민 반응하지 않고 침착하게 듣는 리더

- 먼저 다가갔을 때 불편한 기색을 보이지 않는 리더

- 실패를 배움의 기회로 해석해서 말해주는 리더

- 감정 기복이 심하지 않은 리더

- 내 말을 믿어주는 리더

- 부서 대표로 일을 할 때 내 편이 되어주는 리더

- 메신저(톡) 상담에도 집중해 주는 리더

- 사생활을 지켜주려고 하면서 적당한 관심을 표현해 주는 리더

- 일관성이 느껴지는 리더

- 커리어 성장에 관심을 표현하는 리더

- 공식적인 1on1 시간을 만들어 말할 수 있는 기회를 주는 리더

간혹, 리더들은 이렇게 말합니다.

"편하게 말하세요."

회의 시간이나 개별 면담 시간에 이 말을 들으면 편하게 말할 수 있나요? 리더의 이 '말' 자체가 불편하다고 말하는 플레이어가 많습니다. 편하게 말하라는 것은 오히려 지금의 상황이 편하지 않음을 역설적으로 표현하는 것이 아닐까요? 말할 수 있는 기회를 주기 위해 갑자기 부르는 경우도 있습니다.

"잠깐 얘기 좀 할까요?"

이 말 역시, 듣는 사람을 불편하게 만듭니다. 듣는 사람은 마음속으로 무슨 생각을 할까요? '갑자기 무슨 일이지?', '뭐 잘못한 것이 있나?', '지금 바쁜데…'
특별한 목적이 있다면, 커뮤니케이션 이유를 미리 밝히는 것이 좋습니다.

"업무 A의 진행 사항 때문에 얘기 좀 했으면 하는데, 시간 어때요?"

더 좋은 것은,

"업무 A의 진행 사항 점검을 했으면 하는데, 30분 뒤에 가능할까요?"

"업무 A의 진행 사항을 같이 확인했으면 하는데 ○○시에 볼까요?"

목적을 미리 밝히면서 구성원으로 하여금 커뮤니케이션을 준비하고 대응할 수 있도록 해 줍니다. 이것은 조직 플레이어에 대한 존중입니다. 리더가 시간이 있다고 갑자기 부르는 것은 자기 시간에 대한 셀프 존중이고, 상대방에게는 긴장감을 유발시키면서 시간 관리 문제를 만들 수도 있습니다. 플레이어에게 내용을 점검하고 정비할 수 있는 시간을 주면서 말할 기회를 제공하는 것도 생각해 볼 필요가 있습니다.

'스피크 업Speak up'이라는 말이 있습니다. 자신이 느끼는 감정이나 의견을 솔직히, 그리고 공개적으로 표현한다는 뜻입니다. 다시 말해, 자신의 생각을 당당하게 말하라는 것입니다. 조직들이 변화, 혁신을 위해 스피크 업에 관심을 갖게 되면서 조직문화에도 영향을 주고 있습니다.

"말하라! 목소리를 내라!"라고 말한다고 해서 모든 플레이어가 자신의 의견을 목소리 내서 말하는 것이 아닙니다. 무엇이든 언제든지 말할 수 있도록 분위기를 조성하고, 부족함과 실수에 대한 수용성이 조직 내에 문화로 만들어져 있어야 가능합니다.

회의를 하다 보면, 좋은 아이디어가 나옵니다. 좋은 아이디어가 나오면 실행은 누가 하게 되나요? 조직 내 업무 배분에 의해 합리적으로 진행되면 좋겠지만, 말한 사람이 실행하고 책임지는 상황이 벌어지는 경우가 있습니다. 아이디어를 낸 사람이 실행 의지가 강하면 담당자가 되어 일을 하면 됩니다. 그러나 실행 의지와 상관없이 아이디어 차원으로 말한 것일 수도 있기 때문에 실행에 대한 합의는 다시 해야 합니다. 아이디어를 제시한 사람이 무조건 실행해야 하는 상황이 반복된다면 구성원들은 말하지 않고 지시에만 움직이는 수동적인 태도에 머무르게 될 수도 있습니다.

구성원이 리더에게 접근하기 쉽다는 것은, 리더에게 자신의 생각을 표현할 수 있다는 말입니다. 업무 현장에서는 좋은 일, 불편한 일, 중립적인 일 등 다양한 상황들이 일어나고 있습니다. 협업하는 상황의 일도 있고, 개인적으로 심리적인 상황도 있습니다. 어떤 일이든 구성원들이 리더에게 공식적, 비공식적으로 시그널을 줄 수 있는 문화를 만들면 좋겠습니다.

4

리더의 잠시 멈춤,
침묵은 힘입니다

조직을 관리하기 위해서는 결정을 내리고 행동할 수 있는 힘이 필요합니다. 이때 자신이 선택하는 말과 행동이 모두 정답이 아닐 수 있습니다. 선택이 어려운 상황에서 필요한 것은 멈추는 것입니다. 즉, 누구에게 말할 것인지, 무슨 말을 할 것인지, 어떻게 말할 것인지를 정리하는 시간을 갖는 것입니다.

리더의 침묵은 단절이 아닙니다. 인도의 성인聖人으로 불리는 사티아 사이바바Sathya SaiBaba는 "입을 열기 전, 스스로에게 질문을 던져라. 꼭 필요한가? 침묵보다 가치가 있는가? 이 기준에 미치지 못하는 말이라면 차라리 하지 않는 편이 낫다."라고 조언합니다. 여기에서 말하는 '침묵'은 소통의 단절을 가져오는 침묵이 아닙니다.

A팀과 B팀이 있습니다. 두 팀은 미래를 위한 미션을 받습니다. 동일하게 금요일 오후에 긴급 미팅을 하고, 월요일 오후 2시 전체 아이디어 미팅을 합니다. 두 팀의 리더가 어떻게 회의를 시작하는지 볼까요?

A 팀장: (회의실에 들어오면서) 내가 지난 주말에 잠이 안 오더라고. 오늘 점심도 먹는 건지 마는 건지. 여러분들도 그랬죠? 뭔가 새롭게 시도해야 할 것 같아서 주말 내내 고민하다가 오늘 오전에 마침 생각이 정리가 되었어요.

(자신의 아이디어 설명 후) 어때요? 이렇게 하면 뭔가 좀 변화가 있지 않을까? 그럼 주말에 어떤 생각을 했는지 한 명씩 돌아가면서 말해볼까요?

(오른쪽을 보면서) ○○님부터 돌아가면서 얘기해 봅시다.

B 팀장: (자리에 앉아서 구성원들을 둘러보고) 주말 잘 보냈어요?

주말에 숙제가 있어서 고민이 있었을 것이라 생각합니다. (잠시 멈춤)

오늘 미팅은 아이디어를 찾는 자리니까 우리의 생각을 모아봅시다.

(구성원 모두를 보면서, 구성원들이 자유롭게 의견을 내는 것을 기다림)

A 팀장과 B 팀장의 회의 시작을 살펴보았습니다. 두 팀의 회의실에서는 어떤 분위기가 연출될까요? 누가 말을 가장 많이 했을까요? 누구의 아이디어가 채택되었을까요? 인간은 두려움과 불안을 피하고자 쓸데없는 말을 하게 된다고 합니다. 현명한 리더는 말을 해야 하는 타이밍과 침묵해야 하는 타이밍을 알고 있습니다. 자신의 아이디어를 수용하고 따르라고 말하는 자리인지, 구성원들의 아이디어를 모으는 자리인지는 리더의 언어로 결정될 수 있습니다.

리더의 침묵은 '권위Power의 발휘'입니다. 구성원이 잘못한 상황을 상상해 봅니다. 구성원을 불러서 잘못을 하나하나 지적하면서 말을 하는 경우와 구성원이 찾아오는 것을 기다리는 경우, 혹은 별도 공간으로 이동해서 상황을 물어보는 경우가 있습니다. 각각의 상황에서 구성원은 리더에게 무엇을 받게 될까요? 첫 번째 경우에는 리더의 '말'을 받게 되고, 질문이나 기다림의 경우에는 리더의 '힘, 권위'를 받게 됩니다. 더 좋은 것은 없습니다. 하지만 말을 해서 권위를 얻을 것인지, 잃을 것인지는 선택할 수 있습니다.

리더의 침묵은 '권한 부여Empowerment'입니다. 의사결정과 실행 과정에서 조직 구성원에게 권한을 주는 것입니다. 리더가 회의 시간에 말을 많이 하게 되면 자신의 주장으로 끌고 가게 되지만, 구성원들이 말할 때 '기다림의 침묵'을 선택하면 플레이어의 의견으로 움직이게 할 수 있습니다. 이것이 플레이어에게 자율성을 부여하는 시작점입니다.

리더의 침묵은 '존중Esteem'입니다. 리더가 구성원의 '침묵의 시간'을 인정하는 것은 구성원들이 생각할 수 있도록 도와주는 것입니다. 리더가 말을 멈추면 조용한 긴장감이 만들어집니다. 같은 공간에 있는, 리더를 포함한 모든 사람들은 긴장감 속에서 '채움의 강요'를 받게 됩니다. 리더가 서두르지 않으면 구성원들이 채우기 시작합니다. 침묵의 불안감이 해소되는 순간, 구성원들은 자신의 역할을 하기 위해 의견을 말할 수 있습니다. 처음은 어렵겠지만 '리더의 침묵'이 커뮤니케이션 분위기에 활기를 만들어 줄 수 있다는 믿음이 필요합니다.

리더의 침묵은 '생산적인 휴식Productive Break'입니다. 리더는 무의식중에 무엇인가를 주어야 플레이어들이 성장한다고 생각합니다. 그래서 식사 시간이나 휴식 시간에도 자신의 성공이나 실패 경험을 쏟아내는 경우가 있습니다. 자신의 이야기가 통찰력을 줄 수 있다고 생각하기 때문입니다. 그러나 잘못하면 그것은 통찰력이 아닌, 소위 꼰대의 모습으로 비칠 수도 있습니다. 플레이어들이 자신의 생각을 나눌 수 있도록, 나와 다른 세상을 접하고 있는 구성원들을 통해 세상의 변화를 접할 수 있도록 리더의 말이 쉼을 찾는 것도 필요합니다.

일반 대화, 업무 대화, 1 대 다수의 프레젠테이션에서도 '침묵'을 활용하지 않으면 대화 참석자들의 뇌는 지칩니다. 리더의 침묵을 통해 말의 여백을 만들고, 그 여백을 자신의 생각으로 채울 수 있도록 기다리는 것은 어떠신가요?

미국의 작가, 마크 트웨인Mark Twain은 "올바른 단어는 효과적일 수 있지만, 적절한 시간에 멈추는 것만큼 효과적인 단어는 없습니다."라고 말합니다. 적절한 타이밍을 찾는 것도 어렵고 침묵을 선택하는 것은 더 어렵습니다. 그러나 리더의 침묵이 잘 활용되면 큰 힘을 발휘할 수 있고 플레이어의 성장을 자극하고 조직문화에도 긍정적인 영향을 줄 수 있습니다.

이렇게 중요한 '침묵' 스킬을 어떻게 강화할 수 있을까요?

첫 번째는 입을 통해서 소리 내지 않는 것입니다. 즉, '침묵의 언어$_{Silent Language}$'입니다. 소리를 내는 순간, 걷잡을 수 없게 말이 나갈 수 있습니다. 말을 시작했다고 하더라도 그냥 멈추는 것입니다. 어떻게 하면 이것을 잘할 수 있을지는 잘 모르겠습니다. 멈추는 것은 기술이지만, '의지'에 더 가까운 일입니다. 의지를 높이는 방법은 어렵지만, 대화의 목적을 생각한다면, 필요한 의지를 발휘할 수 있게 되지 않을까요? '이 자리는 무엇을 위한 자리인가?'라고 물어보는 것부터 시작하면 될 듯합니다.

두 번째는 말하지 않고 있어도 말하고 있음을 아는 것입니다. '침묵의 언어'가 '몸 언어$_{Body Language}$'로 대체된다는 것입니다. 말은 하고 있지 않았지만 얼굴 표정으로 상대방의 의견에 긍정하고 때로는 부정하고 있습니다. 이것은 적극적인 경청으로 해석될 수도 있지만 무의식중에 리더의 의견을 강요하는 것으로 받아들여질 수도 있습니다. 리더의 자리는 관찰되는 자리이기 때문입니다. 여기에서 필요한 '진짜 침묵' 기술은 중립을 지키는 것도 포함합니다. 고개 끄덕임의 정도, 미간의 찌푸림 정도, 작게 새어 나오는 '음~' 같은 소리들이 중립적이지 않을 수 있음을 알아야 합니다.

'가르칠 수는 없지만, 배울 수 있는 기술' 이것이 바로 침묵이 아닐까요? 타인은 가르칠 수 없지만, 스스로 학습할 수 있는 기술이 침묵입니다.

침묵하면, 말해야 하는 이유를 발견하게 됩니다.

침묵하면, 중립 속에서 공정하게 생각할 수 있습니다.

침묵하면, 생각을 숙성시킬 수 있습니다.

리더의 역할을 하고 있다면 자신의 말을 통제하고 침묵하는 시간이 필요합니다.

5

습관적 감사 말고
진짜 감사를 표현합니다

"감사합니다."

"고맙습니다."

'감사 언어'입니다. 이메일을 보내면서 혹은 전화를 끊으면서, 팀 전체 회의나 개인별 면담을 끝내면서 가장 많이 사용하는 말입니다. 너무 많이 사용되어서 '의미 없는 말' 중 하나라고 불리기도 합니다. '일상적인 마무리 멘트'로 활용되고 있기 때문입니다. 우리에게는 서로의 정체성을 인정하고 동기를 유발할 수 있는 '진짜 감사'가 필요합니다.

1998년 마틴 셀리그먼Martin Seligman을 시작으로 긍정심리학이 시작됩니다. 긍정심리학자들은 개인의 행복이 촉진될 수 있는 것에 집중하며 개인의 강점과 긍정적인 정서에 대한 연구를 지속하고 있습니다. 많은 연구자는 '감사'가 긍정적 정서를 유발하면서 행복을 촉진한다고 주장합니다. 여론 조사 및 컨설팅을 하는 갤럽Gallup에서는 미국의 청소년과 성인을 대상으로 한 연구에서 감사를 자주 표현하는 90% 이상의 사람들이 행복하다고 느낀다고 보고합니다. 또한 심리학자 리처드 테데스키Richard Tedeschi와 로런스 캘 훈Lawrence Calhoun은 감사 성향이 높은 사람은 부정적으로 해석하기 쉬운 상황을 만나도 그 안에서 긍정적인 특성을 찾고 결국 자신에게 유리한 방향으로 재해석함으로써 상황에 압도되지 않는다고 이야기합니다.

우리는 감사의 말이 필요하다는 것을 심리학자의 말을 빌리지 않아도 알고 있습니다. 필요한지 알면서도 왜 이렇게 사용이 안 되는 걸까요? 바로 '당연하다는 생각' 때문입니다. 당연하다고 생각하는 순간 우리는 고마움을 느낄 수 없습니다.

그런데 잘 생각해 보면 세상에 당연한 것은 없습니다. 조직이 구성원에게, 리더가 팔로워에게, 팔로워가 리더에게 무엇인가를 하는 것이 필요하지만 당연한 것은 아닙니다. 모든 것이 당연하다고 생각하는 순간, 조직은 무관심, 냉정, 냉소, 불만이 생기고 로봇처럼 일하는 플레이어를 만들 수 있습니다.

진심이 담긴 '감사 언어'를 말하거나 듣게 되면 뇌와 신체에는 변화가 일어납니다.

- 행복 호르몬인 세로토닌과 도파민이 분비되면서 기분이 좋아진다.
- 감사의 말을 듣게 되면 부정적인 생각이 잠잠해지고 정서적으로 안정된다.
- 비난, 비하의 생각 패턴이 줄어들고 긍정적이고 수용적인 생각 패턴이 활성화된다.
- 타인에 대한 관점과 커뮤니케이션 방식이 너그러워지고 유연해진다.
- 숨어 있는 잠재력을 발견하고 성취하고 도전하려는 마음을 일으킨다.
- 감사의 말은 하는 사람과 듣는 사람 모두에게 긍정적인 에너지를 만들어 준다.

감사 언어는 자아존중감을 높입니다. 자아존중감self-esteem이란 자신이 사랑받을 만한 가치가 있는 소중한 존재이고 어떤 성과를 이루어낼 만한 유능한 사람이라고 믿는 마음입니다. 자신이 중요한 사람이고, 가치가 있다고 느끼는 것은 주변의 언어에 영향을 받습니다.

"감사합니다.", "고맙습니다."를 그대로 사용하지 않아도 됩니다. 감사 언어는 인정하고 가능성을 발견하고 믿음을 표현하는 것으로 대체할 수 있습니다.

"좋은 생각입니다."

파트너에게 들어도 기분이 좋겠지만 리더에게 들으면 기분이 더 좋아집니다. 조직에서 우리는 끊임없이 생각하고 행동합니다. 그러한 생각과 행동을 인정해 주는 것은 앞으로도 '좋은 생각'을 할 수 있게 합니다.

"할 수 있습니다."

어려운 상황에서 비난하고 타박하는 것은 의지를 끌어내리는 말입니다. 조직에서 결국 해내야 하는 것은 바로 '일'입니다. 그 일을 잘할 수 있도록 가능성을 표현해 주는 것이 필요합니다. 할 수 있다고 생각하는 이유나 추가적인 아이디어는 함께 전달합니다. 주의사항은 구호 같은 '파이팅!'의 표현을 남발하지 않는 것입니다.

"나아지고 있습니다."

조직의 많은 플레이어는 '일잘러(일 잘하는 사람)'가 되고 싶습니다. 그 이유는 자기만족, 자기존중, 소속감, 인정 등의 욕구를 가지고 있기 때문입니다. 어제보다는 오늘, 작년보다는 올해, 지속적인 개선과 변화를 추구합니다. 리더가 그 과정을 인정해 주고 미래의 가능성을 긍정적으로 보고 있다는 관점을 표현해 준다면 플레이어는 성장합니다.

이 외에도 "덕분입니다." "응원합니다." "배웠습니다." "다행입니다." "도움이 됐습니다." "그렇게 하면 됩니다." "이미 잘하고 있습니다." "당신이 있어서 힘이 됩니다."의 표현들도 활용하기를 추천합니다.

오은영 박사님이 부모에게 솔루션을 제공하는 프로그램이 있습니다. 아이에게 부모의 솔루션 행동에 대한 의견을 물었습니다. 아이가 이렇게 대답합니다. "엄마는 계속 똑같은 말만 해요. 아~ 그렇구나. 그 말만 해요."

"아~ 그렇구나."는 공감의 표현이 맞습니다. 그러나 그 문장을 사용한다고 공감이 되는 것은 아닙니다. 관심을 가지고 집중력을 발휘해서 표현할 때 진짜 공감의 언어로 힘을 발휘합니다.

우리가 사용하는 감사 언어에도 진정성을 담아 표현합니다. 리더의 의도만을 달성하기 위한 감사 표현이 아닙니다. 무의미한 언어가 되지 않게 표현합니다. 감사의 구체적인 이유를 포함하면 '감사 언어'가 더 큰 힘을 발휘할 수 있습니다.

감사한 마음을 가지고 표현해야 한다는 것은 알지만 실행은 쉽지 않습니다. 또 감사한 일이 있어야 표현한다는 수동적인 태도에만 머무르지도 말아야 합니다. 조직에서 관계를 형성하고 긍정적인 조직문화를 만들기 위해서는 감사한 마음을 표현하는 것이 필요합니다.

표현합니다. 말로 표현해도 좋고 글로 표현해도 좋습니다. '마음 풍선'에 담아두지 말고 '말풍선'에 담아서 상대방에게 표현합니다.

감사함을 발견합니다. 업무 커뮤니케이션을 하다 보면 자신도 모르게 비판자의 마음으로 상황을 보게 됩니다. 그것은 '감사함'을 발견하는 데 도움이 되지 않습니다. 의도적으로 감사함을 발견해야 합니다. 감사한 일을 발견하면 구체적으로 표현합니다. 이를 '조건부 표현'이라고 합니다. 조건을 발견하는 것은 리더에게 필요합니다. 이유를 명확하게 표현할 수 있기 때문입니다.

'그럼에도 불구하고' 감사합니다. 조직에서 일하다 보면 '좋다'고 느끼는 경우보다 '힘들다', '어렵다'는 경우를 더 자주 만나게 됩니다. 힘들고 어려운 상황에서도 의식적으로 감사함을 찾는 것이 중요합니다. 이것은 단순히 개인에게 갖는 관점이 아니라 조직과 시장 상황에서 기회를 찾는 데도 활용할 수 있습니다. 그리고 말합니다. "당신과 함께 일하게 되어 감사합니다."

감사의 시간을 갖습니다. 의도적으로 노력하는 것은 자연스럽게 되는 것이 아닙니다. 의식적으로 생각하기 위한 시간을 사용하는 것입니다. 출근 시간이나 점심 식사 후 짧은 휴식 시간도 좋습니다. 의식적으로 감사의 마음을 만들고 기록합니다. 리더가 플레이어들의 감사한 점을 발견하고, 플레이어들이 자신의 일에서 감사한 점을 발견하는 선순환이 지속되면 조직과 업무에 대한 몰입도가 올라갈 수 있습니다. 매일 '감사일기'를 쓰면 행복 자각 훈련이 되어 마음이 건강해집니다. 마음의 편안함으로 인해 몸 건강까지 챙길 수 있습니다. 일과를 마무리할 때, '감사 언어' 사용을 추천합니다.

6

리더의 목소리는
필요한 자극이 되어야 합니다

들어봅니다. 지금 어떤 소리에 둘러싸여 있나요?

우리는 매일 수많은 소리 속에 있습니다. 자동차 소리, 빗소리, 발걸음 소리, 음악 소리, 키보드 소리, 책장을 넘기는 소리, 사람들의 목소리 등 다양한 소리는 삶을 풍요롭게 만들기도 하고, 스트레스를 유발하기도 합니다.

소리로 환경을 인지하고, 상호작용을 합니다. 집중하기 위해, 혹은 숙면을 취하기 위해 소리를 활용하기도 합니다.

어떤 소리가 기분 좋게 해주나요?

어떤 소리가 스트레스로 다가오나요?

목소리는 자신의 말에 힘Power을 부여할 수 있는 강력한 도구입니다.

조직 내부의 변화를 만들고, 고객의 문제를 해결하기 위해 아이디어를 모으고 자료를 만들었지만, 의도를 제대로 전달하지 못하거나 예상하지 못한 문제를 만나기도 합니다. 내용은 좋았는데, 뭔가 아쉽다는 의견을 듣기도 합니다.

목소리는 커뮤니케이션 전체 분위기를 설정합니다. 목소리 톤이나 호흡을 통해 자신감이 있는지, 상대에 대한 존중이 있는지, 이슈에 대한 호기심과 열정을 가지고 준비했는지 알 수 있습니다. 또한 너무 큰 목소리는 상대방에게 불쾌감이나 위압감을, 너무 빠른 목소리는 신중하지 못한 느낌을, 너무 작은 목소리는 자신감이나 정보의 신뢰에 영향을 주게 됩니다. 강조되는 단어와 목소리의 톤에 따라 동일한 문장이 매우 다른 의미로 전달되기도 합니다.

아래 문장을 소리 내어 읽어보겠습니다.

"어떠한 가치관에 당신은 몰입하는가?"

어떤 의미로 읽으셨습니까? 강조점에 따라 억양에 변화가 있음을 발견할 수 있습니다. 가치관에 힘을 주었을 수도 있고, 사람에 집중했을 수도 있고, 몰입을 강조했을 수도 있습니다.

"어떠한 **가치관에** 당신은 몰입하는가?"
"어떠한 가치관에 **당신은** 몰입하는가?"
"어떠한 가치관에 당신은 **몰입하는가?**"

진정성이나 감정의 전이, 설득은 자신이 중요하게 생각하는 것에 강약점을 주는 목소리에 영향을 많이 받게 됩니다. 업무 현장에서 내가 말하고자 하는 내용을 내가 원하는 방향으로 제대로 전달하고 싶다면 목소리 톤이나 호흡에 변화가 필요합니다.

긴장되고 중요한 상황에서는 목소리도 어색하게 느껴지고 좋지 않은 습관들이 나올 수 있습니다. '○○답다'는 것을 생각해 볼까요? 리더다운 모습은 어떤 것일까요? 딱히 무조건 이렇게 해야 한다는 정답은 없습니다. 단지 팀장답지 못하다, 전문가답지 못하다는 이야기를 듣는 목소리나 말투를 살펴보면, '말의 속도가 너무 빠르다, 혹은 느리다.', '발음이 명확하지 않다.', '말끝을 흐리며 우물거린다.' 등을 이야기합니다.

목소리는 타고나는 것이라서 바꿀 수 없다고 합니다. 하지만 조절은 할 수 있습니다. 말의 속도는 어떻게 조절할 수 있을까요? 말의 속도는 생각의 속도와 호흡으로 연결됩니다. 일반적으로 말이 길어지면 말의 속도는 점점 빨라지게 됩니다. 특히 성격이 급하면 더 빨라지는 경향성이 있습니다. 이때 기억할 것은 생각의 속도와 말의 속도를 일치시키는 것입니다. 생각과 말의 속도가 일치되면 논리적으로 편안하고 부드럽게 전달할 수 있습니다. 또한 스스로가 무슨 말을 하는지 알아차리는 데도 도움이 됩니다.

일반적으로 강조하는 부분은 천천히 말하고, 강력한 전달이 필요할 때는 빠른 속도로 말하라고 합니다. 주의 집중이 필요할 때는 강하게 표현하되 목소리는 낮게, 소리의 짧은 여백을 두는 방법들을 제안합니다. 말의 속도에 정답이 있다고 생각하지는 않습니다. 말의 내용과 상대방의 속도에서 그 답을 찾을 수 있습니다. 상황에 맞는 말의 속도 변화 Tip을 공유합니다.

말의 속도 변화 Tip

빠른 속도로 말하는 것이 도움이 되는 상황	느린 속도로 말하는 것이 도움이 되는 상황
• 긴급한 상황일 때 • 제한된 시간 안에 많은 정보를 전달해야 할 때 • 쉬운 내용일 때 • 사건을 단순 나열식으로 설명할 때 • 인과관계로 구성된 내용일 때 • 누구나 알고 있는 사실을 말할 때 • 별로 중요하지 않은 내용일 때	• 깊이 있는 생각이 필요할 때 • 어려운 내용일 때 • 숫자, 인명, 지명, 연대 등을 말할 때 • 위로나 격려가 필요한 상황일 때 • 결과를 먼저 말하고 원인을 나중에 말할 때 • 감정 조절이 필요할 때 • 의혹을 일으킬 만한 내용을 말할 때

두 번째로 살펴볼 것은 부정확한 발음입니다. 아이처럼 말하거나 입술의 움직임이 거의 없어서 잘 들리지 않는 경우가 있습니다. 이럴 때는 의도적으로 입을 움직이면서 말을 소리 내어 연습합니다. 머릿속으로 상상하는 이미지 트레이닝이 아니라, 실제로 소리 내어 말하는 것입니다. 이것은 근육의 사용입니다. 연기자나 가수들이 끊임없이 입 주변 근육을 풀어주듯이, 중요한 자리가 있을 때 소리 내어 연습하는 것을 추천합니다. 여기에 녹음까지 해서 들어보면 금상첨화입니다.

세 번째는 말끝을 흐리며 우물거리는 것입니다. 말을 했는데 상대방이 의아해하며 쳐다보는 경우가 있습니다. 어려운 자리에서 보고하는데 임원이 쳐다보면서 물어봅니다. "뭐라고?" 갑자기 훅 들어오는 되묻기 질문으로 얼굴이 빨갛게 달아오르고, 머릿속은 하얘지면서 "저… 그게…" 얼버무리게 되는 상황이 되면 수습이 어려워집니다. 말을 끝까지 명확하게 한다는 것은 '주어와 동사, 마침표까지 하나가 되는 것'입니다.

말을 하는 상황이 있고, 말이 나오는 상황이 있습니다. 업무 현장에서는 말이 나오는 것이 아니라 말을 해야 합니다. 그러기 위해서 하나의 문장을 완성하면서 말해야 합니다. 이왕이면 짧은 문장이 좋습니다. 한 문장이 쉼표와 쉼표, 꼬리에 꼬리를 물게 되면 듣는 사람이 지루해하거나 말의 의미를 누락하고 오해할 수도 있습니다. 문장의 길이는 짧게 마침표를 찍어주면서 말을 끝까지 한다는 생각으로 표현하면 메시지에 힘이 실리게 됩니다. 문장을 짧게 사용하면 주장이 확실하게 표현되어 조금 더 리더답고, 전문가답게 보일 수 있습니다.

속도와 발음, 끝까지 말하는 것과 함께 중요한 것은 목소리의 온도입니다. 조직의 리더가 구성원들에게 지지적 피드백을 할 때는 따뜻한 온기를 담습니다. 미소를 짓고, 긍정적인 단어를 사용하면 온도를 높일 수 있습니다. 교정적 피드백을 할 때는 온도를 낮추는 것이 도움이 될 수 있습니다. 명확함과 단호함으로 말하고, 불필요한 말을 줄이는 것입니다. 목소리의 온도는 감정을 전달하는 데도 활용할 수 있습니다.

소리는 전달하고자 하는 메시지의 깊이와 폭을 결정합니다.
리더의 목소리가 조직에 필요한 자극과 변화를 만듭니다.

7

공간이
대화의 분위기를 만듭니다

우리는 공간에 있습니다. 개인의 업무 공간, 구성원들과 새로
운 아이디어를 모으거나 의견을 조율할 때 이용하는 회의 공간,
적절한 휴식이나 소통을 통해 친밀감을 만드는 휴게 공간 등이 있
습니다.

미국 워싱턴대학교 경영대학원 앤드류 나이트Andrew Knight 교수
는 공간 활용에 대한 연구를 통해 "조직이나 단체는 사무 공간을
디자인할 때, 서서 일할 수 있는 환경을 마련해야 한다."라고 했습
니다. 연구팀은 실험 참가자들을 두 그룹으로 나누고, 30분간 팀

원들과 회의를 하고 영상을 만드는 미션을 수행하게 됩니다. 한 그룹은 테이블과 의자가 있는 곳에서 회의를 진행하고, 또 한 그룹은 의자가 없는 곳에서 회의를 합니다. 연구팀은 실험 참가자들의 생리학적 자극을 측정할 수 있는 센서를 달아 그들이 얼마나 회의에 흥미를 느끼고 있는지를 측정했습니다. 그리고 영상 제작 미션을 끝낸 뒤, 팀원들의 협업 정도와 미션 결과물을 평가합니다. 그 결과, 서서 회의를 한 그룹의 구성원들이 더 많은 생리학적 자극을 받았고 보다 적극적으로 자신의 의견을 공유하며 토론을 벌이는 경향을 보였다고 발표합니다.

나이트 교수는 "조직 구성원들의 물리적인 공간을 바꿔주는 것만으로도 업무 능력이 향상되고, 팀워크가 개선되는지 확인할 수 있다."라고 말하면서, "의자를 일부 제거하고 브레인스토밍 Brainstorming과 공동 연구를 독려할 수 있는 화이트보드를 적극 활용하라."라고 조언합니다.

새로운 조직에 합류하게 되었을 때의 일입니다. 팀 전체 회의가 있었고, 회의실 테이블 위에는 회의 자료가 세팅되어 있었습니다. 출력된 자료를 보면서 리더와 중간관리자, 신입사원의 자리 등을 예상했습니다. 그런데 회의가 시작되자 리더가 예상했던 자리가 아닌 회의실 뒤쪽에 있는 보조 의자에 앉는 것을 보고 놀란 적이 있습니다. 그 상황이 너무 신기하여 따로 개인적인 자리에서 물어본 적이 있습니다. 그때 들었던 답변입니다. "그 회의의 주체는 내가 아니라 팀원들입니다. 그들의 생각이 중요했기 때문에 회의의 중심이 되는 사람들이 그 공간을 충분히 활용해야 한다고 생각합니다." 그 뒤로도 다양한 회의 공간에서 리더는 자신의 고정된 자리 없이 자신이 있어야 하는 자리에 앉는 것을 확인할 수 있었습니다. 서서 회의를 하건 앉아서 회의를 하건 그 회의의 목적을 정확하게 알면 공간의 활용, 자리 배치를 효과적으로 할 수 있습니다.

리더와 플레이어의 1대1 대화는 개인의 업무 공간이 아닌 곳을 추천합니다. 리더 자리에서 면담을 하는 경우도 있지만 이것은 지양합니다. 리더의 업무 공간은 '리더의 권위'가 있는 곳입니다. 이로 인해 대화가 불편하게 진행될 수 있기 때문에 커뮤니케이션의 목적에 따라 다른 공간을 활용하시기를 추천합니다.

1대1 대화 공간은 세심함이 필요합니다. 심리적으로 편안하고, 안전하다고 느낄 수 있어야 주고받는 대화가 가능합니다. 이를 위해서 물리적 거리가 필요합니다. 너무 가까우면 부담을 느끼고,

너무 멀면 집중하기가 어렵기 때문입니다.

1대1 대화 공간의 자리 배치

2명이 커뮤니케이션을 하게 되면 A나 B처럼 서로 마주 보고 앉는 경우가 많습니다. A처럼 정면으로 앉은 두 사람은 무엇을 느끼게 될까요? 정면으로 마주 보고 앉는 자리 배치는 심리학적으로 좋지 않다고 합니다. 시선을 정면으로 교환하게 되면서 긴장감을 높이게 되고 상대에 따라 압박감을 크게 느낄 수도 있기 때문입니다. A처럼 정면으로 마주 보고 앉는 것은 계약을 할 때와 같은 공식적인 분위기에 적합합니다. 또한 B처럼 테이블이 너무 길거나 크면 경계심이 일어난다고 합니다.

가장 좋은 위치는 C와 같은 L 자형입니다. 두 사람이 90도 위치에 앉거나, 정면으로 앉을 수밖에 없는 구조라면 리더가 몸을 약간 틀어서 L 자 모양의 느낌이 나도록 앉는 것입니다. 이러한 좌석 배치는 공식적인 혹은 개인적인 자리 모두에서 활용될 수 있으며, 상대방의 눈을 직접 보지 않으면서도 심리적 거리를 확보할 수 있기 때문에 편안함을 느낄 수 있다는 연구 결과가 있습니다. 실제로 상담을 위한 공간은 대부분 이러한 구조로 가구가 세팅되어 있습니다.

상대방과 정말 친해지고 싶다면 D처럼 옆으로 나란히 앉는 것이 도움이 됩니다. 시선을 마주치지 않아도 되기 때문에 고민을 털어놓는 데도 적합하다고 합니다. 그러나 업무 현장이나 밀폐된 공간에서는 나란히 앉는 것을 조심스럽게 생각해야 합니다. 리더 입장에서는 친하다고 생각해서 앉았지만 구성원이 불편해할 수 있기 때문입니다.

한 가지 팁을 더 드리자면, 리더가 창을 등지고 앉았을 때 창으로 빛이 들어오면 리더에게 후광이 만들어질 수 있습니다. 리더는 의도하지 않았지만, 그 빛이 리더의 권위와 함께 시너지를 만들면서 구성원에게는 무언의 압박감을 일으킬 수도 있습니다.

공간이 생각을 만듭니다. 사람들은 목적에 따라 무의식적으로 특정한 공간을 찾습니다. 오픈된 공간을 찾기도 하고 때로는 폐쇄되고 조용한 공간을 찾기도 합니다. 조직 안에서도 마찬가지입니다. 리더는 회의의 목적과 구성원들의 의견 수렴 등에 따라 공간

을 확보하고 활용해야 합니다. 리더가 먼저 보여주면 플레이어도
공간의 활용을 배울 수 있습니다.

Part. 3

Exploration
탐구

1

마침표만 주지 말고
물음표도 줍니다

대화는 마음의 준비 상태에 따라 방향과 결과가 달라질 수 있습니다. 힘든 하루를 끝내고 친구와 정서적 연결을 생각하며 만났는데, 논리적인 이야기만 듣고 헤어졌다고 해 볼까요? 선배에게 배움을 얻고자 만났는데, 시시콜콜 잡담만 하고 왔다면 어떨까요? 두 상황 모두 교류는 했지만 만족스럽지 않을 수 있습니다.

만남과 대화에는 각자의 목표가 있고, 목표에 따라 자신의 역할을 결정하기도 합니다.

'오늘은 이런 모습의 친구가 되어야지.'

'오늘은 이랬으면 좋겠다.'

리더의 역할에는 '구성원 육성'이 있습니다. 구성원의 성장, 커리어 개발을 도와주는 방법은 무엇이 있을까요? 개인별 커리어 목표를 설정할 수 있도록 도와주고, 성장에 도움이 되는 업무 기회를 주고, 조직 내외부의 교육 기회를 제공하고, 동료 간 교류를 통해 서로 성장할 수 있도록 지원도 할 수 있습니다.

그리고 물음표도 줄 수 있습니다.

성장을 위한 가르침을 하는 것만이 아니라 '질문'을 하는 것입니다. 저는 이것을 마침표만 주지 말고, 물음표도 주자고 말합니다. 리더의 질문은 관심의 증거입니다. 플레이어에 대한 관심을 전달하고 소통하기 위해서는 준비가 필요합니다. 플레이어와 커뮤니케이션하기 전에 리더가 해야 하는 질문 준비를 'Y'로 알아보겠습니다.

Y라고 하면 어떤 이미지가 떠오르나요? 제가 말씀드리는 Y는 '하늘을 향해 두 팔을 벌리고 서 있는 사람의 모습'입니다. 인간은 앉아 있을 때와 서 있을 때, 땅을 볼 때와 하늘을 볼 때 심리적인 변화가 있습니다. 앉아 있는 것보다 서 있는 것이 자신감이나 자

존감에 더 좋은 영향을 줍니다. 시선의 머무름이 땅에 있는 것은 현재에 집중하게 해 준다면, 하늘은 미래와 이상을 생각할 수 있게 합니다.

첫 번째 Y는 '관점'입니다. 플레이어를 신뢰하고 스스로 답을 찾아갈 수 있도록 질문하는 것입니다. 플레이어를 어떻게 보는지의 관점은 조직의 문제 해결과 함께 구성원의 커리어 방향성을 찾는 데도 영향을 미칩니다. 플레이어를 관심과 물을 주면서 성장시킬 수 있는 존재로 보는지, 마른 수건을 짜내듯 강압적인 힘을 발휘해서 움직이게 해야 하는 존재로 보는지에 따라 말과 행동이 달라집니다.

움직이게 하는 방법은 크게 두 가지로 볼 수 있습니다. 외부의 강압적인 힘으로 미는 방법과 안에 있는 동력기를 사용할 수 있도록 자극을 주는 것입니다. 업무 현장으로 보면, '권위를 통한 지시'를 미는 힘으로 볼 수 있고, 구성원의 마음속에 '잘하고 싶다는 마음을 생기게 하는 것'을 동력기 자극으로 볼 수 있습니다. 인간의 '동기'란 개인의 행동을 만드는 내적인 추진력입니다. 내적 추진력으로 구성원 스스로 움직이게 되면 목표 달성을 위한 발전적 생각과 행동을 이끌어낼 수 있다고 믿습니다. 지시로만 움직이는 구성원과 스스로 생각해서 움직이는 구성원은 업무 만족도에 차이가 있지 않을까요?

미국의 심리학자 맥그리거Douglas McGregor의 'X-Y이론'이 있습니다. 이는 중국 순자의 성악설, 맹자의 성선설과 유사한 개념으로 해석하기도 합니다. X이론의 관점으로 조직의 구성원을 바라본다면 인간은 기본적으로 악한 존재이며, 조직에 무관심하며 일하기를 싫어합니다. 금전적 보상으로 유인해야 하며 엄격하게 감독하고 처벌로 통제해야 한다는 것입니다.

반대로 'Y이론' 측면에서 보면 인간은 선천적으로 선하게 태어났으며, 일을 놀이처럼 즐길 줄 알고 일을 통해 자신의 능력을 발휘하고 자아실현을 추구합니다. 이를 위해 조직은 창의적으로 일할 수 있는 여건을 마련해 주고 인정과 칭찬을 해주는 조직문화를 형성하면, 구성원은 책임감을 가지고 조직의 성과를 만들어 낸다는 것입니다.

구글이나 애플, 아마존과 같이 혁신적으로 성공한 기업들을 보면, 조직 구성원들을 통제의 대상으로 보지 않고 일을 즐기며 창조해 낼 수 있는 Y이론의 관점으로 보는 것을 알 수 있습니다. 리더가 Y이론의 관점으로 구성원들을 본다는 것은, 그들의 존재 자체를 인정하는 것이며 문제 해결의 기회를 만들어 주는 것이고 방향을 찾을 수 있도록 지원하는 것입니다. 이런 관점에서 나오는 질문은 탓하거나 질책하거나 의심하는 질문이 아닙니다. 미래지향적이고 목표 지향적이며, 인간 중심으로 질문하게 됩니다. 이것은 즐겁게 일하는 문화를 만들 수 있습니다.

두 번째 Y는 'Yes'를 통한 행동 가능성을 여는 것입니다. 긍정적으로 사고한다는 것은 가능성을 만드는 것입니다. 커뮤니케이션 세미나에서 이것을 '작은 Yes'가 '큰 Yes'를 부른다고 설명합니다. 바로 '일관성의 법칙'입니다. 사람에게는 일관성을 유지하려는 욕구가 있습니다. 즉, Yes의 행동을 하면 그다음 행동도 Yes를 유지할 확률이 높다는 것입니다.

서던 메소디스트 대학의 다니엘 하워드Daniel Howard는 앞의 행동이 다음 행동에 어떤 영향을 미치는지에 관한 연구를 진행했습니다. 연구 실험은 '요청'하는 것이었습니다. A집단에서는 상대에게 요청을 할 때, "~~을 도와 주시겠어요?"라고 바로 질문을 합니다. 반면 B집단에서는 요청하기 전, Yes를 유도하는 "오늘 날씨가 참 좋죠?"라는 질문을 하고 "네, 좋아요."라고 대답한 사람들에게

"~~을 도와 주시겠어요?"라고 요청합니다. 연구 결과, B집단이 요청을 받아들이는 경향이 더 높다는 것을 발견하게 됩니다. 사전에 'Yes' 행동이 있던 B집단의 요청 수락률은 32%, 'Yes' 행동이 없었던 A집단의 요청 수락률은 18%로, 두 배 가까이 차이가 났습니다. 두 집단의 차이는 'Yes' 행동을 했는지 안 했는지의 작은 것이었지만, 결과를 두 배로 올리는 계기가 되었습니다.

이것이 행동 경제학에서 말하는 넛지Nudge입니다. 넛지란 '어떤 행동을 하도록 팔꿈치로 쿡쿡 찌른다는 의미로, 사람을 바람직한 방향으로 부드럽게 유도하되 선택의 자유는 여전히 개인에게 열려있는 상태'를 말합니다. 작은 Yes로 '생각'을 조종한 것이 아니라, 스스로 '행동'하도록 '넛지'한 것입니다. 긍정의 작은 Yes들이 문화를 긍정적이고 즐겁게 만들 수 있다고 생각합니다. 새로운 업무나 도전해야 하는 것에 대한 두려움도 없애거나 작게 만들어 줄 수 있을 것입니다.

'YES 맨'이라는 단어가 있습니다. 어떤 사람들은 무조건적인 'Yes'가 개인 시간을 빼앗고 다른 사람들에게도 좋지 않은 영향을 줄 수 있다고 해석합니다. 그러나 약간만 다르게 생각하면, 'Yes'를 외친 사람은 변화의 가능성을 열어두고 '할 수 있다는 의지'를 외부에 선언하는 것이 됩니다. 조직의 리더가 즐겁게 'Yes'를 외치는 플레이어와 함께 일한다고 생각해 볼까요? 혼자 애쓰는 것이 아니라 함께 에너지를 만들어 내는 것을 경험하게 될 것입니다. 이러한 플레이어와 함께하는 리더라면, 'Yes'라고 외친 구성원의 현재 상태와 주변을 돌볼 것입니다.

리더는 플레이어에게 작은 'YES'를 자주 말할 수 있도록 질문으로 '넛지'합니다. 조직 내 'No'를 외치는 거절의 일관성이 순환되지 않도록 합니다. 모든 일은 어떤 마음으로 준비하느냐에 따라 달라집니다. 두 팔을 벌리고 있는 사람을 보는 Y로 플레이어를 보고 플레이어들이 'Yes' 행동을 할 수 있도록 준비합니다. 한 명의 작은 'YES'가 조직 전체의 'YES'가 되어 긍정 문화가 선순환되는 조직을 기대합니다.

2

GROW 질문으로
성장을 이끕니다

답을 찾아가는 과정에는 질문이 필요합니다. 질문이 핵심은 맞지만 모든 질문이 좋은 질문은 아닙니다. 연결되지 않는 질문은 생각을 꺼내는 것에만 머무르거나 막연함만 확인하게 될 수 있습니다. 질문에는 연결의 프로세스가 필요합니다. 생각의 확산과 수렴을 동시에 할 수 없는 것처럼 생각에도 흐름이 있고, 진화가 있기 때문입니다.

GROW 질문은, 목표 달성을 위한 체계적인 질문 프로세스로 사용되고 있습니다. GROW는 Goal(목표), Reality(현실), Options(대안), Will(실행)의 4가지 의미를 담고 있습니다. 해결하고 싶은 목표를 설정하거나, 문제를 찾고 해결하는 데 도움이 되는 질문 프로세스입니다.

해결하고 싶은 문제가 있거나 무거운 마음으로 퇴근을 하면서 하루를 돌아볼 때, 혹은 출근하면서 하루를 계획할 때 적용해 볼 것을 추천합니다. 막연하게 걱정만 하는 것이 아니라, 생각을 정리하는 데 도움이 됩니다.

Goal은 원하는 바를 구체적으로 설정하기 위한 단계입니다. 우리는 가끔 일하면서 이 일을 왜 하는지, 그냥 좋은 결과만 생각하고 일을 위한 일을 하는 경우가 있습니다. 그렇게 막연하게 일을 하다 보면 어느 순간, 덜컥! 하고 멈추게 됩니다. 그럴 때는 바쁜 머리와 손을 멈추고 물어봅니다.

"오늘 오전에 내가 정말 집중해야 하는 것은 무엇일까?"
"내가 지금 꼭 해결해야 하는 것, 해결하고 싶은 것은 무엇인가?"
"현재 이슈 중에서 내가 집중해야 하는 가장 중요한 것은 무엇일까?"

"이 결과는 팀에게 어떤 의미가 있는가?"

  Reality는 목표 달성을 위해 내가 가진 자원과 장애물을 탐색하는 단계, 즉 현실을 드러내는 단계입니다. 여기에서는 현재를 정확하게 바라보는 것이 필요합니다. 사실을 중요하게 생각하는 업무 현장이지만 간혹 현실을 자기만의 기준으로 상상하면서 바라보기도 합니다. 보고 싶은 대로 보는 것입니다. 현실을 직시하고 바라볼 때 드러나는 불편함이야말로 목표를 방해하는 '진짜 장애물'입니다. 장애물이 너무 많을 것이라 걱정하면 오히려 장애물 발견을 하지 않는 경우도 있습니다. 드러난 장애물이 많다는 걱정은 하지 않아도 됩니다. 장애물을 정확하게 확인하지 못하는 것이 더 큰 문제이기 때문입니다. 현재를 다 드러내야 합니다. 그렇게 현재의 모습을 들여다보면 장애물도 보이지만, 그것을 해결할 수 있는 내가 가지고 있는 자원도 확인됩니다. 장애물과 자원을 함께 찾을 수 있는 냉철한 질문을 할 필요가 있습니다.

"팀원들이 문제라고 느끼는 것은 무엇일까? 나는?"
"성과를 위해 ○○○님이 발휘할 수 있는 강점은 무엇일까?"
"현재 갈등 상황을 그냥 넘어간다면 어떤 상황이 벌어질까?"
"팀원에게 피드백을 하기 어려운 이유가 뭘까?"

Options는 변화를 가져오거나 대안을 찾을 수 있는 행동을 탐색하는 단계입니다. 여기에서는 다양한 방법을 꺼내는 것이 중요합니다. 고민하는 방법을 아날로그 펜으로 기록하다가 완벽하게 다 기록되었다는 생각이 들었을 때, '여기에 한 가지만 더 넣는다면?'의 마음으로 최대한 많은 방법을 뽑아내는 것이 필요합니다. 충분히 다양한 방법들을 찾았다고 생각하면 다음 질문으로 넘어가면 됩니다.

"목표를 달성하기 위한 방법들은 어떤 것이 있을까?"
"나의 상사에게 어떤 지원 요청을 하면 좋을까?"
"시도하지 않은 방법이 있지 않을까?"
"전혀 다른 관점으로 한 가지만 더 생각해 본다면 어떤 것이 있을까?"

Will은 실행 의지를 확인하는 단계입니다. 목표를 이루려면 반드시 해야 하는 것이 행동입니다. 당장 할 수 있는 행동을 찾는 질문을 합니다.

"지금 당장 나는 어떤 행동을 해야 할까?"
"잘 해냈다는 것을 나 스스로 어떻게 측정할 것인가?"

"언제쯤 중간 점검을 하는 것이 좋을까?"

"실행할 의지가 있나? 실행 의지를 높이기 위해 무엇이 필요한가?"

GROW 질문은 얼마나 진심을 담아서 숙고하는가에 따라 자신의 업무 성과뿐 아니라 조직에서의 태도 변화, 그리고 삶 전체에도 긍정적인 영향을 줄 수 있습니다. 성장을 촉진하기 위해서는 방향을 잡아주는 질문이 필요합니다. 남이 해주지 않는다면, 스스로 체계적인 질문을 통해 답을 찾아가면서 새로운 자신을 발견할 수 있습니다.

요즘 구성원들은 '자신이 하는 일이 왜 중요한지', '일을 통해 어떤 기여를 하고, 어떻게 성장할 수 있는지'에 대한 궁금증을 가지고 있는 경우가 많습니다. 팀장이 정답을 알려줄 수도 있지만, 생각을 도와주는 것도 필요합니다. 예를 들어, 일을 시작할 때 전체 프로세스를 볼 수 있도록 하거나 해당 업무가 우리 팀에 어떤 영향을 줄 것 같은지 생각해 보는 질문을 하는 것입니다. 즉시 답변이 어려울 수 있기 때문에 생각을 정리할 수 있도록 충분한 시간을 줍니다. 또한 어떤 업무가 끝났을 때 '업무적으로 어떤 부분이 성장한 것 같은지 물어보는 것'은 리더나 플레이어 모두에게 의미 있습니다. 나 스스로에게 질문했던 것처럼 구성원과 대화를 할 때도 GROW 프로세스를 활용해서 대화해 보면 어떨까요?

GROW	의미	질문(예)
Goal	목표 설정/ 확인	• 지금 하고 있는 일의 목표는 무엇인가요? • 지금 가장 중요하고 시급한 과제와 이슈는 무엇인가요? • 이 업무는 ○○○님에게 어떤 의미가 있나요?
Reality	현실 파악	• 지금의 상황이 지속된다면 무엇이 예상되나요? • 문제 해결을 하는 데 방해요소는 무엇인가요? • 이것을 해결하기 위해 어떤 부분을 점검해 보았나요?
Option	대안 탐색	• 지금 상황을 해결하기 위해 제가 어떤 지원을 하면 도움이 될까요? • 혹시 해 보고 싶었지만, 하지 못한 것은 무엇인가요? • 이와 비슷한 문제를 해결한 과거 경험이 있다면 얘기해 주세요.
Will	실행/ 의지	• 이 프로젝트가 잘 끝난다면 자신에게 어떤 말을 해주고 싶은가요? • 그것을 시도해 보기 위한 실행 의지는 얼마나 되나요? • 지금까지 대화를 통해 정리된 생각은 무엇입니까?

3

똑똑한 대답이
가치를 만듭니다

질문은 답을 원합니다. 답을 요구하기 때문에 질문하는 사람은 힘Power을 가지고 있습니다. 리더가 팔로워에게 하는 업무적 질문은 '권위의 발휘'와 함께 '문제 제기'가 있습니다. '리더의 중요한 질문'은 '플레이어의 답변'으로 완성됩니다.

<커뮤니케이션 상황 1>

A: 미팅 잘 다녀왔어요?

B: 네.

A: ○○부서에서는 뭐라고 하나요?

B: 지원해 준다고 합니다.

A: 아니, 그 부서는… 그렇게 답변할 거면서 왜 그렇게 어렵게 했대요?

B: 그게 말입니다~~~ (이유 설명)

<커뮤니케이션 상황 2>

A: 미팅 잘 다녀왔어요?

C: 네, ***업무 미팅이 잘 진행되었습니다. ○○부서의 업무 지원이 어려울 것 같아서 걱정을 했는데, ~~한 문제가 있더라고요. 그래서 ~~하는 것으로 말씀을 드렸더니 적극 지원해 준다고 합니다.

A: 다행입니다. 잘 해결하고 왔네요.

같은 상황, 2가지 다른 답변의 상황을 보셨습니다. 지금의 상황으로만 함께 일할 수 있는 파트너를 선택할 수 있다면 B와 C 중에 누구를 선택하고 싶은가요? B와 C의 업무 역량이 비슷하다고 해도 다르게 평가받을 것입니다.

조직에서는 질문보다 대답을 통해 관점이 확장되고 의사결정을 하기 때문에 대답이 중요합니다. 또한 리더는 많은 업무와 의사결정 책임으로 시간이 부족하거나 마음이 바쁩니다. 그렇기 때문에 리더의 질문에는 의미 있는 답변이 필요합니다. 어떻게 대답을 해야 할까요?

- 질문의 의도를 생각하고 핵심을 담은 대답하기
- 핵심 정보가 누락되지 않은 대답하기
- 정확하게 대답하기
- 이해하기 쉬운 대답하기
- 깔끔한 대답하기
- 모르면 모른다고 대답하기

갑자기 질문을 받게 되면 당황할 수 있습니다. 갑작스러운 질문에는 빠르게 반응할 것이 아니라, 잠시 심호흡을 하고 자신이 알고 있는 정확한 정보를 천천히 답변합니다. 그래야 생각이 정리되면서 상대방이 알고 싶어 하는 것과 내가 알고 있는 것을 전달할 수 있기 때문입니다.

질문에 답을 할 때는 기본적으로 자신만의 대답 원칙을 만드는 것을 추천합니다. 아래 내용은 커뮤니케이션 워크숍에서 나왔던 다양한 조직의 구성원들이 세운 대답 원칙입니다. 힌트가 되었으면 하는 마음으로 공유합니다.

직장인의 대답 원칙, 액션플랜

- 질문의 핵심에 맞게 대답한다.

- 1을 물어보면, 의미를 담아 1.5를 대답한다.

- 가치 있는 대답이 되기 위해 정보를 정리한다.

- 생각을 정리하여 간결하게 대답한다.

- 질문의 의도를 건강한 의도로 생각하고 대답한다.

- 메신저 답변 시 질문을 한 번 더 읽어보고, 답변도 한 번 더 읽어보고 전송한다.

- 메일 회신 답변은 기한 일정을 지킨다.

- 정보의 나열이 아닌 나의 생각을 담아서 대답할 수 있게 준비한다.

- 정보의 전달이 아닌 나의 가치를 높이는 것이라 생각하고 대답한다.

- 거짓 대답을 하지 않는다.

질문에 답을 잘한다는 것은 질문자에게 잘 보이기 위함이 아닙니다. 대답을 하는 것은 내가 알고 있는 것을 표현하는 것입니다. 답을 함으로써 질문자가 무엇을 중요하게 생각하는지, 자신이 얼마나 알고 있는지, 무엇을 채워야 하는지 알 수 있습니다.

같은 질문에도 더 잘 들리고 가치가 있는 답변이 있습니다. 플레이어의 대답은 조직의 변화를 만들어 갑니다. 그 변화가 앞으로 나아가는 것인지, 뒤로 돌아가는 것인지는 대답을 하는 사람이 만들 수 있습니다. 질문에 대해 자신의 모습을 생각해 보고 대답 원칙을 정리해 보았으면 합니다.

조직 전체에서는 팔로워지만 부서에서는 리더의 역할을 하는 경우라면, 나와 함께 일하는 파트너와 팔로워들이 답변을 잘할 수 있도록 알려주는 것이 필요합니다. 팀장이 임원 앞에서 어떻게 답변하는지를 보고 팀원들은 배웁니다. 또한 팀원이 질문할 때, 팀장의 답변 태도가 그대로 팀장에게 돌아옵니다. 협업하는 부서에도 보이게 됩니다.

대답이 조직의 변화를 이끈다는 생각으로 질문에 답하는 태도가 필요합니다.

4

듣는 것도
보입니다

리더의 경청은 구성원의 말을 듣는 것을 넘어, 팀의 성장과 발전을 위한 필수 요소입니다. 경청을 통해 리더는 팀원들의 생각과 의견을 파악하고, 문제를 해결하며, 팀원들의 동기부여에도 영향을 줍니다.

말하기는 훈련합니다. 듣기는 어떤가요?

자신은 잘 듣고 있다고 생각하지만 주변에서는 그렇게 느끼지 못하는 경우를 볼 수 있습니다. 잘 들어야 한다, 경청해야 한다고는 하지만 도대체 어떻게 해야 잘 듣는 것인지 모르는 경우가 많습니다. 경청은 자신의 감정과 생각을 잠시 옆에 두고 상대방의 생각과 감정에 온전히 집중하는 것입니다. 특히, 업무 현장에서의 경청은 공유되는 정보를 이해하는 것도 포함됩니다.

"여러분이 우리 팀의 미래를 바꿀 수 있습니다. 우리의 미래를 위해서 현재의 문제점이나 개선 방안에 관한 이야기를 허심탄회하게, 솔직하게 이야기해 주었으면 합니다. 오늘은 여러분의 고견을 소중히 듣겠습니다."

리더는 좋은 의도를 가지고 커뮤니케이션을 시작했습니다. 그 다음에는 무엇을 해야 할까요? '진짜 듣기'를 해야 합니다. 정말로 제대로 듣기를 하려면 그 자리를 피해 주거나 시스템을 구축해 주어야 합니다. 아니면 정말 조용히 들어야 합니다. 실제로 진짜 듣기는 하는 경우도 있지만, 그렇지 못한 경우도 있습니다.

- 구성원들이 의견을 말하면 말을 끊고 참견합니다.
- 듣겠다는 말을 한 뒤에 자신이 생각하는 회사의 미래 모습과 문제점 등을 나열하기 시작합니다.
- 구성원이 본인의 생각을 표현하는 능력이 부족하다고 답답해합니다.
- 자신이 한 말을 구성원들에게 들었다고 착각하여 의사결정을 내립니다.

이러한 모습을 조직의 리더만 가지고 있을까요? 플레이어 간에도, 부서와 부서 사이에도 발생할 수 있습니다.

내가 말할 때 사람들이 잘 들어주지 않으면 어떤 마음이 드시나요? 섭섭하기도 하고 화가 나기도 합니다. 커뮤니케이션 세미나에서 '경청'을 어떻게 해야 하는지 물어보면, 귀를 기울여 듣는 것, 존중하는 마음으로 듣는 것, 집중해서 열심히 듣는 것, 말의 내용은 물론 그 내면에 있는 정서에 귀 기울이는 것, 서로 간에 말하지 못하는 것까지도 듣기 위해 마음을 기울이는 것을 말합니다.

우리는 어떻게 들어야 하는지 알고 있습니다. 그런데 왜 잘 듣지 못할까요? 학자들의 연구에 의하면, 듣는 일이 그리 단순하지 않다고 합니다. 누군가의 말을 제대로 경청하려면 상대방의 욕구에 초점을 맞추어서 완전히 집중하여 들어야 합니다. 인간은 기본적으로 상대방을 이해하는 것보다 내가 이해받고 싶은 욕구가 강하기 때문에 듣는 것이 어렵다고 합니다.

그렇다면 경청의 반대말은 무엇일까요?

어떤 일을 하는데 그 일과는 전혀 관계없는 일이나 행동을 한다는 의미를 가지고 있는 '딴청'입니다. 딴청은 '하다', '피우다', '부리다'로 문장이 완성되는데, 여기에는 의지가 담기기도 하고 담기지 않기도 합니다. 일부러 딴청을 피우기도 하지만 자신도 모르게 딴청을 부리게 되는 것입니다.

- 듣는 척한다.
- 전달이 서투르면 무시한다.
- 필요하지 않다고 판단되면 관심을 끊는다.
- 사실 파악에만 집중한다.
- 휴대폰으로 문자를 보내면서, 메일을 확인하면서 산만하게 듣는다.
- 듣기 싫은 말은 회피한다.
- 누가 말하느냐에 따라 행동이 달라진다.
- 말을 끝까지 듣지 않고 자신의 생각을 말한다.
- 알겠다고 하지만 향후 다시 말해야 하는 경우가 있다.

업무상 커뮤니케이션을 하면서 일부러 딴청을 피우려고 계획하는 사람은 없습니다. 하지만 자신도 모르게 이렇게 행동하게 됩니다. 혹시, 나도 모르게 이렇게 행동했던 적은 없으신가요? 내가 의도하지 않았더라도 조직 구성원이 딴청으로 해석할 수 있을 것 같다면 적극적 경청을 알고, 실천할 필요가 있습니다.

커뮤니케이션할 때 강조되는 첫 번째가 '적극적으로 경청하라.' 입니다. 눈을 적절하게 맞추고, 말하는 사람을 향해 상체를 살짝 숙이고, 맥락을 이해하기 위한 질문과 함께 기억을 돕기 위해 기록하는 행동이 적극적 경청입니다. 듣는 사람은 귀로 듣지만, 말하는 사람 입장에서는 눈으로 듣는 모습을 확인하게 됩니다. 바로 눈과 귀, 입, 몸의 방향까지 집중하여 듣는 것을 '적극적 경청'이라고 합니다. 우리는 커뮤니케이션할 때 적극적 경청을 해야 한다는 것을 알고 있지만, 친한 사이일수록 혹은, 잘 안다고 생각하는 사이일수록 적극적 경청이 잘 안 된다고 합니다.

"듣고 있어요?" 말을 하는 사람이 듣는 사람에게 이렇게 말하는 것은 '적극적 경청'을 하고 있지 않다고 보기 때문입니다. 업무 현장에서는 어떤가요? 보통 처음에는 적극적 경청을 하는 모습을 보이지만 업무가 익숙해지면 태도가 달라지는 경우가 간혹 있습니다. 그리고 위계 조직에서는 위로 올라갈수록 '딴청'의 모습을 자주 보게 된다고 합니다. 듣는 행동 없이 소극적으로 듣는 경우에는 분위기에 따라 해석을 하거나 놓칠 수 있습니다.

리더에게도 도움이 되고, 구성원에게도 잘 듣고 있다는 것을 전달하는 적극적인 경청의 태도를 점검해 봅니다.

- **집중하기**: 상대방의 말에 집중하고, 다른 생각을 하지 않도록 노력합니다.
- **눈을 맞추고 경청하기**: 상대방의 눈을 보면서 경청하는 것은 진심으로 경청하고 있다는 것을 보여주는 중요한 비언어적 신호입니다.
- **질문하기**: 상대방의 말에 대한 질문을 통해 더 깊이 이해하고, 추가적인 정보를 얻을 수 있습니다.
- **요약하기**: 상대방의 말을 요약하여 다시 한번 확인하고, 정확하게 이해했는지 확인합니다.
- **판단을 유보하기**: 상대방의 말을 듣는 동안에는 판단을 유보하고, 모든 의견에 개방적인 태도를 유지합니다.
- **공감하기**: 상대방의 감정을 이해하고 공감하는 모습을 보여줍니다.

"설명하는 사람이 잘 경청할 수 있도록 하는 것이 먼저 아닌가요?"

말을 하는 사람이 내용에 집중할 수 있도록 설명해 주면 좋겠지만, 모든 사람이 표현을 잘하는 것은 아닙니다. 그리고 상대방의 말하는 능력이 부족하다고 해서 집중해서 듣지 않는 것이 당연한 것도 아닙니다. 말하기를 위한 노력처럼 듣기의 노력이 필요합니다. 또한 '듣기'의 태도는 배울 수 있지만, '듣기 태도'를 지속적으로 유지하면서 표현하기는 쉽지 않습니다. 내가 알고 있는 듣기 태도를 기록해 볼까요? 내가 잘하고 있는 태도와 아쉬운 태도를 확인하는 것부터 듣기의 태도 변화는 시작됩니다. 이런 과정을 통해 딴청에서 경청이 되는 것이 아닐까요?

5

듣는 습관이
대화의 방향을 결정합니다

"말을 하는 입이 아니라 말을 듣는 귀가 모든 커뮤니케이션의 성패를 좌우한다." 미국의 커뮤니케이션 전문가 래리 바커Larry Barker와 키티 왓슨Kittie Watson은 20년 이상 인간의 듣기 습관에 대해 연구했습니다. 래리 바커와 키티 왓슨의 연구에 따르면, 듣는 것도 패턴을 가지고 있습니다. 잘한다, 못한다의 패턴이 아닙니다. 조사에 따르면, 남성은 '내용이나 행동 지향적 듣기 성향'을 가지고 있는 경우가 많고, 여성은 '사람 지향적 듣기 성향'을 많이 보인다고 합니다. 서비스 직종에 근무하는 경우에는 '사람 지향적', 연구 분야는 '내용 지향적'인 성향을 갖는 경우가 많다고 합니다. 이를 보면, 듣기 성향은 습관을 통해 만들어진다고 볼 수 있습니다.

습관은 바꿀 수 있습니다. 나의 '듣기'가 함께 일하는 조직 구성원들에게 불편함을 준다면 노력할 필요가 있지 않을까요? 듣기 성향의 변화를 추구하기 위해서는 각각의 듣기 성향이 긍정적인 면과 부정적인 면을 동시에 가지고 있다는 것을 알아야 합니다. 자신의 듣기 성향이 너무 한쪽으로 고착되지 않도록 구체적인 내용을 살펴보고, 듣기의 변화 지향점을 발견하면 좋겠습니다.

첫 번째는 '사람 지향적'으로 듣는 경우입니다. 사람 지향적 듣기 성향이 높다면, 듣는 행위가 인간관계에 어떤 영향을 미치게 될지를 가장 크게 생각하는 것입니다. 영업 부서같이 고객을 만나는 조직에서 많이 볼 수 있습니다.

사람 지향적으로 듣기

사람 지향의 긍정적인 면	사람 지향의 부정적인 면
• 다른 사람에게 관심이 많고 배려할 줄 안다. • 선입견이나 편견을 갖지 않는다. • 대화할 때 반드시 유언, 무언의 피드백을 준다. • 상대의 감정을 잘 파악한다. • 상대의 분위기를 빨리 감지한다.	• 상대의 감정 상태에 쉽게 휘말리게 된다. • 상대방의 잘못이나 약점을 잘 보지 못한다. • 다른 사람의 일에 지나치게 간섭하기 쉽다. • 피드백을 줄 때 오버할 수 있다. • 중립성, 객관성을 유지하기 힘들다.

사람을 중심에 두고 듣기 때문에 커뮤니케이션 분위기는 좋지만, 이성적, 논리적 사고를 해야 할 때는 어려움이 있을 수 있습니다. 그리고 리더의 위치에서 들으면 팔로워를 존중하고 편안하게 대화할 수 있지만, 객관성을 가지고 성과평가 면담을 하는 경우에는 어려움이 있을 수도 있습니다.

두 번째는 '행동 지향적'으로 듣는 경우입니다. 행동 지향적으로 듣는 사람은 자신이 맡은 업무를 수행하는 것에 집중합니다. 업무 수행에 목적을 두기 때문에 실행력과 연계성이 높습니다. 그러나 빠른 의사결정으로 잘못된 판단을 하게 되는 경우도 발생할 수 있습니다.

행동 지향적으로 듣기

행동 지향의 긍정적인 면	행동 지향의 부정적인 면
• 목표와 관련된 피드백을 빨리 제공한다. • 당장 해결해야 하는 문제를 이해하는 데 집중한다. • 다른 사람들이 중요한 것에 초점을 맞추도록 돕는다. • 다른 사람들이 구조적이고 간결하게 말을 하도록 돕는다.	• 두서없는 이야기를 듣기 힘들어한다. • 말이 끝나기 전에 넘겨짚고 재빨리 결론을 내린다. • 화자가 두서없이 이야기하면 쉽게 산만해진다. • 감정적인 문제를 과소평가한다. 지나치게 비판적으로 보인다.

세 번째는 '내용 지향적'으로 듣는 경우입니다. 내용 지향적으로 듣는 사람은 모든 내용을 신중하게 평가하는 경향이 있습니다.

내용 지향적으로 듣는 사람들은 연구개발 분야에 많은 편입니다. 숫자, 데이터, 디테일에 강합니다. 정확성에는 도움이 되지만 실행력을 위해서는 유연하게 맥락을 찾는 것도 필요합니다.

내용 지향적으로 듣기

내용 지향의 긍정적인 면	내용 지향의 부정적인 면
• 전문적, 기술적 정보를 높이 평가한다. • 정보가 얼마나 명료한지, 자신이 얼마나 이해했는지 점검한다. • 다른 사람들이 자신의 생각에 대한 근거를 제시하도록 격려한다. • 복잡하고 어려운 정보를 환영한다. • 문제의 모든 측면에 관심을 가진다.	• 세부적인 것에 지나치게 집착한다. • 냉철한 질문으로 다른 사람들을 당황스럽게 한다. • 비기술적인 정보를 과소평가한다. • 알려지지 않은 개인에게서 들은 정보를 높게 평가하지 않는다. • 결정하는 데 시간이 오래 걸린다.

네 번째는 '시간 지향적'으로 듣는 경우입니다. 시간 지향적으로 듣는 사람은 시간 자원을 중요하게 생각하고 효율적으로 일하

시간 지향적으로 듣기

시간 지향의 긍정적인 면	시간 지향의 부정적인 면
• 시간을 효과적으로 관리한다. • 다른 사람의 말을 들을 때 시간 제한이 있음을 알린다. • 시간을 어떻게 사용할 것인지 지침을 정한다. • 상대가 쓸데없는 말을 하며 시간을 낭비하지 못하도록 한다. • 시간이 낭비되고 있을 때 상대방에게 암시를 준다.	• 시간을 낭비하는 사람들을 참지 못하는 경향이 있다. • 관계에서 편안함보다는 긴장감을 만들 수 있다. • 시간을 의식하다 보면 집중력이 떨어질 수 있다. • 자주 시계를 들여다봄으로써 상대를 조급하게 만든다. • 시간적인 압박을 주어 다른 사람들이 창의력을 발휘하지 못하게 만든다.

는 것을 추구하는 경향이 있습니다. 시간 지향적으로 듣는 것은 현대의 바쁜 리더들에게서 가장 쉽게 찾아볼 수 있는 유형입니다.

듣기 습관은 상황에 따라 특정한 패턴을 보이는 경우가 있습니다. 공식적인 자리나 사적인 자리, 리더와의 커뮤니케이션, 동료들과의 편한 자리에서 달라집니다. 내가 가지고 있는 습관을 확인하고, 긍정적인 면과 더불어 부정적인 면도 생각하면서 습관처럼 듣는 것을 조정할 수 있습니다. 더불어 상대의 듣기 습관 성향을 파악한다면 상대가 조금 더 잘 이해할 수 있도록 말하는 방법에 변화를 주게 되어 소통 커뮤니케이션이 가능해집니다.

전문가의 연구를 통해 만들어진 설문을 통해 나의 듣기 성향을 체크해 볼까요? 듣기 성향을 체크해 보면 자신의 강점과 약점을 파악하는 데 도움이 되고, 상대방에 따라 커뮤니케이션 전략을 세우기에도 좋습니다. 평소 듣는 상황을 떠올리면서 점수 칸에 1~5까지 숫자를 기록합니다.

1~5까지의 숫자는 성향이 얼마나 강한지를 나타냅니다. 4~5점은 강한 성향, 3점은 보통 성향, 1~2점은 약한 성향을 뜻합니다. 점수 칸에 기록한 숫자 중에서 4~5점으로 기록한 개수를 확인합니

다. 두 개 이상의 항목에서 4~5점을 얻었다면 당신의 듣기 성향은 복합적입니다. 이를 기준으로 결과를 확인하면 다음과 같습니다.

1~5번 문항에 4 혹은 5를 표기한 개수 [   ]개 → 사람 지향적

6~10번 문항에 4 혹은 5를 표기한 개수 [   ]개 → 행동 지향적

11~15번 문항에 4 혹은 5를 표기한 개수 [   ]개 → 내용 지향적

16~20번 문항에 4 혹은 5를 표기한 개수 [   ]개 → 시간 지향적

듣기 성향 결과는 어떻습니까? 사람과 행동, 내용, 시간을 기준으로 한쪽으로 치우쳐 있는 모습을 발견하게 되셨나요? 아니면 4가지 방향을 복합적으로 잘 활용하면서 듣고 있는 모습을 발견하셨나요?

결과를 확인하셨다면, 각 성향의 긍정–부정적인 면을 다시 읽어봅니다. 성향 진단은 현재의 듣기 성향을 보는 것입니다. 긍정적인 면을 지속적으로 유지하기 위한 방법은 무엇인지, 부정적인 면은 어떻게 조절할 것인지 생각하는 시간도 함께 만드시는 것을 추천합니다. 한 걸음 물러서서 자신을 보는 것, 이것이 자기 인식이자 성찰입니다.

듣기 성향 진단

* 늘 그렇다 5 / 자주 그렇다 4 / 종종 그렇다 3 / 드물게 그렇다 2 / 전혀 그렇지 않다 1

평소 듣는 상황에서 나는	점수
1. 상대방의 말을 들을 때 그 사람의 느낌에 주의를 기울인다.	
2. 상대방의 말을 들으면 기분이 좋은지 아닌지 금세 알아차린다.	
3. 상대방이 자기 문제를 털어놓았을 때 그 사람의 말에 금방 몰두한다.	
4. 새로 알게 된 사람의 말을 들을 때 공통의 관심사를 찾으려고 노력한다.	
5. 다른 사람이 말할 때 눈빛이나 끄덕임으로 흥미를 표현한다.	
6. 다른 사람이 자기 생각을 조리 있고 효과적으로 표현하지 못하면 갑갑해진다.	
7. 다른 사람의 말을 들을 때 내용의 불일치나 모순점에 집중한다.	
8. 말하는 사람의 생각을 건너뛰거나 판단한다.	
9. 커뮤니케이션 도중에 곁가지를 치며 다른 이야기를 꺼내는 사람이 정말 싫다.	
10. 말하는 사람이 더 빨리 요점에 도달할 수 있게 질문을 한다.	
11. 모든 사실을 듣고 나서 판단을 내리거나 의견을 내놓는다.	
12. 기술적인 정보를 선호하는 편이다.	
13. 의견이나 주장보다 내가 직접 판단, 평가해볼 수 있는 사실이나 증거를 듣고 싶어 한다.	
14. 복잡한 정보를 듣는 게 즐겁고 좋다.	
15. 추가적인 정보를 캐기 위해 질문을 한다.	
16. 바쁠 때면 이야기를 들어줄 시간이 한정되어 있음을 상대방에게 알린다.	
17. 대화를 시작하기 전에 얼마나 오래 기다렸는지부터 말한다.	
18. 시간이 없다 싶으면 상대방이 말하는 도중에라도 끼어든다.	
19. 시간이 없다 싶으면 상대방이 말하고 있어도 시계를 쳐다본다.	
20. 시간의 압박을 느낄 때면 다른 사람의 말에 집중력이 떨어진다.	

Part. 4

Motivation
동기

1

1인분의 크기는
사람마다 다릅니다

저녁 식사 시간, 고깃집에서 주문하는 소리가 들립니다.

"이모님~ 여기 5인분 같은 4인분 주세요."

주문을 접수한 이모님은 웃으면서 알겠다고 대답을 합니다.

5인분이 나왔을까요? 4인분이 나왔을까요?

4인분이 나왔을 것이라고 생각합니다. 이모님, 혹은 사장님의
기분이 좋은 상황이라면, 음료가 서비스로 나가지 않았을까요?

4인분의 고기를 4명의 친구가 정확하게 각각 1인분씩 먹었을까
요? 먹는 속도, 수다의 양 등에 따라서 1인분을 정확하게 나누지
못했을 것이라 생각합니다. 그리고 추가 주문을 하는 경우도 있

죠. "이모님 여기 2인분 추가요~."

1인분의 크기는 사람마다 다릅니다.

기초 대사량에 따라 다르기도 하고, 그날의 기분에 따라 달라지기도 합니다. 혼자 먹을 때와 여럿이 먹을 때의 1인분도 다릅니다. 아침, 점심, 저녁의 1인분도 다르지 않나요? 특별한 의지가 없다면, 아침보다 점심, 점심보다 저녁을 더 많이 먹게 되는 것 같습니다.

또한, 음식을 주는 식당의 기준도 다르죠. 어느 식당에서 먹는가에 따라도 다릅니다. 1인분의 양은 '셰프의 직관'이라는 인터뷰를 본 적이 있습니다. 주는 사람 마음이라는 것인데요.

1인분, 정량을 뜻하는 말로 측정하듯이 사용하지만, 결국 사바사, 케바케입니다.

1인분이라는 단어가 요즘은 조직에서 들립니다.

조직의 성과를 달성하기 위해 개개인이 자신의 역할을 제대로 수행했는가를 1인분을 했는지로 표현합니다. 조직의 구성원으로서 역할을 수행하기 위해 노력하겠다는 것이기 때문에 나쁘지 않은 생각입니다. 나쁘지 않은 것이 좋다는 것은 아닙니다. 내가 다른 구성원에게 부담이나 피해를 주면 안 된다는 의미를 담고 있지만, 반대로 다른 누군가가 부족해서 나에게 불편함을 주는 것도 안 된다는 생각도 담고 있습니다. 과업의 목표를 달성하는데, 모두가 각자의 1인분의 역할을 해내야 한다는 것입니다. 수학적 사고로 2명이 일을 할 때는 1+1이라고 표현할 수 있겠지만, 협업의 기준에서 1+1은 시너지를 낼 수 있게 하자는 의미가 있습니다.

업무량의 1인분은 어떤가요?

구성원 한 명이 1인분을 한다는 것은 팀의 목표와 개인의 목표, 업무 배분, 중간 점검 피드백, 결과에 대한 평가 결과까지 연결됩니다. 여기에서 중요하게 등장하는 사람이 바로 평가 권한이 있는 직책자입니다. 전문 식당에 셰프가 있듯이 조직의 각 부서에는 팀장님들이 있습니다. 팀장님의 직관에 따라 업무 배분을 하게 됩니다.

식당에서 '셰프의 직관'으로 1인분을 만들어서 주는 것은 그냥 수용하고 먹으면 됩니다. 내 기준과 부합되면 재방문하면 되고, 그렇지 않으면 다음부터 방문하지 않습니다. 내가 소속되어 있는 회사 조직에서는 어떨까요? 팀장의 직관으로 업무가 배분이 되고, 평가가 된다고 생각하면 구성원들이 그대로 수용하고 받아들이나요? 마음에 들면 계속 함께 일하고, 마음에 들지 않으면 회사나 부서를 옮기는 것으로 해결될까요? 구성원의 입장에서 보면, 완전 전문가도 아닌 것 같고, 공정하지도 않은 것 같습니다. 거기에다가 팀장의 업무 배분과 팀의 목표 달성 결과, 평가가 자신의 금전적 보상에 직접적으로 영향을 받게 되면 예민해지게 됩니다. 평가를 해야 하는 팀장 입장에서 보면, 실제 권한과 파워가 많지 않은 상황에서 너무 큰 부담이 됩니다.

'1인분'을 조직 내에서 어떻게 사용하고 있는지 확인해 볼 필요가 있습니다. 무심코 사용한 단어이지만, 개개인을 전문가 마인드로 무장시킬 수도 있고, 서로를 비판적으로 모니터링하는 팀 분위기를 조성할 수도 있습니다.

함께 일하는 구성원들과 1인분에 대한 생각을 나누고, 1대1 대화 시간을 통해 기준점을 알고 있는 것이 필요합니다.

- 1인분의 기준은 사람마다 다릅니다.
- 나의 1인분을 바라보는 관점과 상대의 1인분을 바라보는 관점이 다를 수 있음을 알아야 합니다.
- 기분이 좋을 때와 그렇지 않을 때 영향을 받을 수 있습니다.
- 부서 안에서의 1인분이 아니라, 고객과 시장, 회사 전체에서 봤을 때 1인분의 기준이 제시되어야 합니다.
- 팀장 포함 구성원 모두가 커뮤니케이션을 통해 전체 상황을 이해하려고 노력해야 합니다.

- 개인의 완벽함이 아니라, 구성원 모두가 함께했을 때 시너지를 내는 것에 집중합니다.
- 구성원 모두는 각자의 역할을 잘 해내고 싶은 마음을 가지고 있습니다.
- 1인분만 하면 된다는 생각을 멈춥니다.

'식당에서 주는 1인분은 건강을 생각하는 1인분보다 항상 많은 것 같습니다.'
'일당백이라는 말도 있었습니다.'

조직의 구성원 모두가 1인분만 해내는 것이 아니라, 조직 기여도를 높이면서 시너지를 낼 수 있는 내가 되었으면 좋겠습니다. 그렇게 1인분의 사이즈를 키우는 것이 '성장' 아닐까요?

2

동기를 알면
움직임도 보입니다

동기를 부여한다는 것이 가능할까요?

자발적으로 행동하고, 지속하게 하는 힘을 상대방에게 줄 수 있을까요?

저에게 답을 원하신다면, 50% 정도는 가능하다고 봅니다. 힘을 준다고 다 받는 것도 아니고, 힘을 받았다고 힘을 준 사람이 원하는 방향으로 움직이지 않을 수 있기 때문입니다. 주는 것과 받는 것, 받는 것과 하는 것은 다르니까요.

"동기부여는 스스로 해야 하는 것 아닌가요?"

너무너무 맞는 말씀입니다. 동기부여는 스스로가 했을 때 가장 강력하게 작동된다고 생각하기 때문의 동의합니다.

우리는 사회적 동물입니다. 서로에게 동기부여를 하고 있습니다. 존재하는 것만으로도 동기부여 되기도 하고, 누군가의 행동을 보면서, 누군가의 말 한마디에 영향을 받기도 합니다. 오랜만에 만난 친구와의 대화를 통해 앞으로는 '열심히' 살아야겠다고 다짐합니다. '열심히'라는 단어에 직장 생활이 포함되어 있는지, 업무 역량을 강화하는 실천 약속이 있는지는 알 수 없습니다. 직장 선배나 리더와 대화를 하다가 생각과 행동을 존경하게 되어 멘토-멘티로 연결됩니다. 이 연결이 멘토와 자주 만나면서 가깝게 지내고 싶은 것인지, 멘토같이 되겠다고 행동하는 것인지는 알 수 없습니다. 같은 상황 다른 동기가 작동됩니다.

동기부여를 하기 위해 알아야 하는 것은 무엇일까요?

인간은 욕구를 가지고 있다는 사실입니다. 모든 욕구는 존중받아야 하며, 욕구를 채우기 위해 자신의 삶의 모습을 만들어 가기도 합니다. 욕구이론에서 가장 많이 화두가 되는 것은 매슬로우의 욕구 단계입니다. 5단계를 직장인과 연결해 봅니다.

- **생리적 욕구**

  기본적인 생존을 위한 욕구로, 월급으로 의식주를 해결하는 것과 관련이 있습니다. 조직의 금전적 보상이 개인의 가장 기본 욕구와 연결되어 있습니다.

- **안전의 욕구**

  직장인이라면 일터에서 지속해서 일을 할 수 있다는 안전과 감정적 안정을 모두 포함하지 않을까요? 근무환경과 복지제도, 4대 보험 등을 생각해 봅니다.

- **사회적 욕구**

  친밀감, 소속감, 팀워크를 볼 수 있습니다. 팀 워크숍 등을 통해 서로가 연결되어 있음을 확인하려고 하는 것도 사회적 욕구를 충족하기 위한 행동으로 볼 수 있습니다.

- **자존감 욕구**

  존중, 존경, 인정, 성취에 대한 것을 연결해 볼 수 있습니다. 업무를 통해 동료나 리더, 조직에서 어떻게 평가받고 있는지, 혹은 스스로가 자신을 어떻게 보고 있는지와 연결됩니다.

- **자아실현 욕구**

자아실현 욕구는 잠재력 개발에 대한 것을 담고 있습니다. 자신에 대해서 아는 것, 하고 싶은 것에 대한 기회가 주어지는 것, 성장에 자극이 되는 경험을 하는 것 등으로 생각해 볼 수 있습니다.

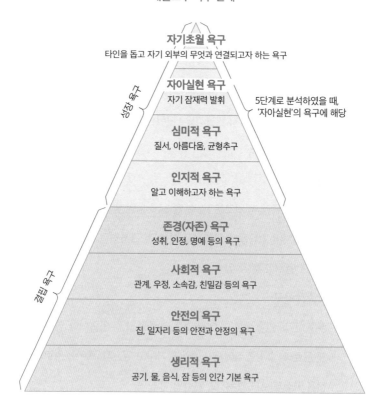

매슬로우 욕구 단계

자기초월 욕구
타인을 돕고 자기 외부의 무엇과 연결되고자 하는 욕구

자아실현 욕구
자기 잠재력 발휘

5단계로 분석하였을 때, '자아실현'의 욕구에 해당

심미적 욕구
질서, 아름다움, 균형추구

인지적 욕구
알고 이해하고자 하는 욕구

성장 욕구

존경(자존) 욕구
성취, 인정, 명예 등의 욕구

사회적 욕구
관계, 우정, 소속감, 친밀감 등의 욕구

안전의 욕구
집, 일자리 등의 안전과 안정의 욕구

생리적 욕구
공기, 물, 음식, 잠 등의 인간 기본 욕구

결핍 욕구

매슬로우 욕구 5단계 이론도 진화합니다. 최근에는 인지적 욕구, 심미적 욕구, 자아초월 욕구까지 8단계로 더 세분화되었습니다. 우리에게 필요한 것은 인간은 누구나 자신의 상황에 따라 욕구에 중심을 두고 의사를 결정하고 행동할 수 있다는 것입니다. 또한 모든 사람의 욕구는 중요하지만, 그것을 채우는 방법은 다를 수 있기 때문에 그 방법을 찾기 위해서 자신과의 대화, 타인과의 대화가 필요합니다.

또 한 가지는, 목표를 달성하는 데는 과정이 있다는 것입니다. 개인이 달성하고자 하는 목표, 조직에서 해내야 하는 목표가 있습니다. 동기를 만들기 위해서는 목표가 필요합니다. 단기목표, 중기목표, 장기목표를 세워야 하며, 목표는 구체적일수록 달성할 확률이 높고 중간 점검도 할 수 있습니다. 여기에 유연함도 필요합니다. 세상의 변화 방향과 속도에 따라 목표를 수정해야 하는 상황이 발생할 수 있기 때문입니다.

목표를 달성하기 위해서 동기가 만들어지는데, 크게 접근 동기 Approach Motivation와 회피 동기Avoidance Motivation를 생각해 봅니다. 접근 동기는 원하는 것을 얻고자 행동하는 동기입니다. 저는 이것을 '하고 싶다 동기'로 표현합니다. 배우고 싶고, 달성하고 싶고, 인정

	접근 동기	회피 동기
방향	원하는 결과 추구	불편한 결과 회피
욕구	성장과 성취	안전과 안정
행동	적극적, 주도적	수동적, 반응적
목표 달성 후	성취감	안도감
과하면	경쟁형 스트레스	저항형 스트레스

받고 싶고, 성장하고 싶다는 마음을 터치하는 것입니다. 회피 동기는 불편한 결과를 피하고 싶어서 움직이는 동기입니다. 실패하고 싶지 않아서, 비판받고 싶지 않아서, 야근하고 싶지 않아서 행동하는 동기입니다. 접근 동기와 회피 동기는 좋다, 나쁘다로 구분하지 않습니다. 상황에 따라서 접근 동기가 필요할 때가 있고, 회피 동기가 필요할 때가 있습니다.

새로운 프로젝트를 시작할 때는 접근 동기를 기반으로 비전과 목표, 방향과 방법을 설정하면 도움이 될 수 있습니다. 반대로 프로젝트 마무리 시점에 완성도가 높지 않을 때는 실수를 줄여야 한다거나 피해를 주지 않아야 한다는 회피 동기가 필요할 수 있습니다.

"일에도 시작과 끝이 있는데, 모든 시점에 회피 동기로 접근하는 것 같습니다. 매일 불 끄는 소방차처럼 피해를 줄여야 한다는 마음입니다. 구성원들도 조급하고, 저도 조급하고 일이 끝나면 해냈다는 마음보다 다행이라는 마음으로 다시 다른 불을 끄려고 합니다. 제 마음과 시간을 조금 더 관리해야겠다는 생각을 하게 되네요."

움직이게 하는 힘이 바로 '동기'입니다. 그 동기는 대부분 자신의 마음속에 있습니다. 그 마음에 어떤 노크를 하느냐에 따라 행동이 결과로 나타납니다. 리더의 역할에서 구성원을 동기부여 한다는 것을 생각해 봅니다.

① 개인의 욕구에 관심을 가지고 대화하기

② 성장 기회를 제공하기

③ 개인의 목표와 조직의 목표가 얼라인이 될 수 있도록 하기

④ 어렵지만 달성 가능한 목표 설정하기

⑤ 자율성과 책임감을 제공하기

⑥ 욕구와 연결되는 지지적 피드백, 목표와 연결되는 발전적 피드백하기

⑦ 공정하고 투명한 커뮤니케이션 환경 만들기

⑧ 상황에 맞는 커뮤니케이션 접근법 생각하고 말하기

⑨ 함께하고 싶은 사람 되기

⑩ 리더도 스스로 동기부여 하거나 구성원들에게 동기부여 받기

작성해보니, 다 중요한데 10번이 많이 필요하겠다는 생각이 듭니다. 제가 만나는 조직의 리더분들은 요즘 참 많이 힘들어 보이거든요. 잠시 눈을 감고, 자신에게 말했으면 좋겠습니다.

'지금까지 잘해왔고, 더 나아지기 위해 이 책을 보고 있는 나를 응원한다.'

3

재미를 찾을 때
몰입은 따라옵니다

'가잼비'라고 합니다. 가성비, 가심비 이후로 새롭게 만들어진 단어입니다. '재미'를 담고 있는 말인데요.

"팀장님, 요즘 일이 재미가 없어요. 어떻게 하면 좋을까요?"

함께 일하는 구성원이 말합니다. 뭐라고 답변하시겠습니까?

"나도 재미없어요."

"일은 원래 재미없는 거예요."

"재미있으면 돈 내고 다녀야지."

이렇게 답변을 들은 구성원은 앞으로 어떨까요?

일은 원래 재미없는 것이고, 돈 받고 일하기 때문에 재미를 추구할 수 없는 것이라 생각하게 됩니다. 재미없는 회사라면 출근하고 싶을까요? 자연스럽게 재미는 회사, 조직 밖에서 찾아야 한다고 생각하게 되지 않을까요?

일을 하면서 기분이 좋을 때는 언제인가요?

- 내가 하는 일에 대해 자신감이 있을 때
- 계획한 업무가 순차적으로 잘 진행될 때
- 작년보다 성장했다는 것을 스스로가 느낄 때
- 동료들이 응원해줄 때
- 리더에게 인정받았을 때
- 팀원들과 함께 일하는 시간이 편안할 때
- 함께 해 보고 싶다는 생각이 들 때

업무 이야기를 하더라도 그 안에서 즐거움을 느낀다면 구성원들은 조직에 만족감을 느끼고 몰입합니다. 심리학자 칙센트 미하이Mihaly Csikszentmihalyi는 그의 저서 『몰입 Flow』에서 몰입은 물이 흐르듯 막힘없는 상태이며 행복의 본질적인 형태라고 설명합니다. "몰입Flow 활동의 최우선 기능은 즐거움을 주는 것이다. 또한 사람들이 즐기는 것은 통제되는 상황 속에 존재한다는 느낌이 아니라 어려운 상황에서 스스로 통제력을 발휘하고 있다는 느낌이다."

조직의 플레이어가 일을 하면서 기분이 좋고, 다양한 재미를 느끼게 되면 직무나 조직에 대한 몰입도가 올라가면서 동료 관계나 업무 성과에 선순환 구조가 만들어질 수 있습니다. 물론 '몰입'이 항상 긍정적인 의미로 사용되는 것은 아닙니다. 조직 몰입은 있지만, 직무 몰입이 낮은 경우 혹은 직무에 대한 몰입도는 높으나 조직 몰입은 낮은 경우도 있습니다. 일상생활에서 긍정적인 '몰입'이 언제 많이 발견되는지 찾아보면 바로 게임할 때입니다. Play!

Play는 놀이나 게임을 할 때 사용되는 단어입니다. 조직에서는 일을 담당하는 실무자를 '플레이어'라고 표현합니다. '논다.', '게임을 한다.'라는 표현은 주도적으로 즐거움을 만드는 의미로 활용됩니다. 조직에서 리더, 플레이어, 담당자로서 Play 하고 있나요? 그리고 그 플레이는 재미있나요? 게임 분야에서 영향력 있는 니꼴라자로Nicole Lazzaro는 재미를 4가지로 설명합니다. 호기심을 가질 수 있는 새로움, 성취감을 느낄 수 있는 도전, 소통하고 협력하면서 느낄 수 있는 관계, 그리고 의미 있는 일을 한다고 느끼는 재미입니다.

새로운 일을 시작할 때는 호기심의 재미가 있습니다. 동료들과 협업한다는 즐거움과 어려운 문제를 풀어냈을 때의 성취감은 또 다른 도전을 시도할 수 있게 해 줍니다. '재미'는 느낌입니다. 새로움을 느끼고 성취감을 느낀다는 것은 감각과 정서로 알게 되는 것입니다. 사람마다 재미 요소는 다릅니다. 언제 재미를 느끼는지 모를 때도 있고, 재미 상황이 달라지기도 합니다. 주변에 있는 동료가 그 재미를 알아차릴 수 있도록 도와주면 어떨까요? 특히, 나와 함께 일하는 리더가 나에게 관심을 가지고 재미를 느낄 수 있도록 도와준다면 절로 동기부여가 될 듯합니다.

"Connecting the Dots." 스티브 잡스Steve Jobs가 스탠퍼드 대학교 졸업 축하 연설에서 한 말입니다. 점이 모여 선이 되듯이 과거에 한 일들이 이어져 현재를 만들어 간다는 의미입니다. 조직 구성원의 감정들이 서로 연결되면서 조직 내부에서 외부로, 이것은 다시 내부로 영향을 미치게 됩니다. 리더가 하는 말과 행동이 구성원에게 연결되어 재미를 발견하게 되는 것을 생각해 봅니다. 의미 있는 재미가 아닐까요?

구성원들과 공식, 비공식적인 대화를 할 때 작은 점이 되는 질문을 추천합니다. 맥락에 따라 달라질 수 있겠지만, 작은 질문들

재미	의미	점이 되는 질문(예)
새로움, 쉬운 재미	호기심을 느끼거나 새로움을 느끼게 하는 활동에서 오는 재미	• 새로운 시도를 할 때 어떤 마음이 들어요? • 일을 통해 달라지고 싶은 점이 있다면 무엇인가요?
도전, 어려운 재미	장애물을 극복하면서 어려운 목표를 달성하는 성취감을 느끼게 하는 재미	• ○○님은 어떨 때 성취감을 느끼나요? • 이 일을 잘해 냈을 때 자신에게 어떤 선물을 해주고 싶어요?
관계, 사람 재미	경쟁, 협력, 소통 등 함께함으로써 얻는 재미	• 함께 일하는 동료에게 어떤 기억을 남기고 싶은가요? • ○○님이랑 협업하면 즐겁게 하는 것 같아요. 어떤 점이 좋은가요?
의미, 진지한 재미	자신과 세상의 변화를 위해 활동하면서 느끼는 재미	• ○○님의 행동이 우리 팀에 긍정적인 변화를 주고 있다는 생각이 들어요. ○○님은 어때요? • 팀에 무엇인가를 유산으로 남긴다면, 어떤 것을 남기고 싶어요?

이 구성원의 재미에 자극을 주면서 리더인 나에게는 동기부여의 방법이 될 수 있습니다.

꼭 물음표가 있는 질문이 아니어도 됩니다. 좋다, 재미있다는 정서를 유발할 수 있는 마침표가 있는 문장도 좋습니다. 예를 들면, 구성원의 행동으로 리더가 받게 되는 영향을 알려주는 것도 좋은 방법입니다.

"지금 하는 업무에 어려움이 있을 것이라 생각했는데, 공부하면서 문제를 해결하는 모습이 참 든든합니다.”

“○○님은 동료들과 함께 일할 때 밝은 표정이 보여서 좋습니다.”

“새로운 업무에 도전해 보고 싶은 것이 있다면 알려주세요. 기회를 드리고 싶습니다.”

리더의 한마디는 구성원에게 자극이 되어 재미를 느끼는 감정을 극대화할 수도 있고, 잊고 있었던 감정을 꺼내는 데 긍정적 자극이 될 수 있습니다. 그리고 누군가에게 줄 수도 있지만 스스로에게도 작은 문장을 줄 수 있으면 좋겠습니다.

‘나는 요즘 어떤 면에서 재미를 느끼고 있나?’

‘새로움, 도전, 관계, 의미적인 측면에서 나는 무엇을 중요하게 생각하고 있지?’

멋진 문장이 아니라, 상대에 대한 호기심을 가지고 물어보는 이런 질문들이 재미를 발견하고 몰입하는 데 큰 힘이 될 수 있습니다.

4

승부욕 내려놓고
방향을 전환합니다

"대화를 하고 싶어도 말을 안 해요."

"무슨 생각을 가지고 있는지 모르겠어요."

"물어봐도 답이 없으면 그냥 제가 알려줍니다. 그런데 자꾸 반복되서 화가 나요."

업무 현장에서 커뮤니케이션은 참여할 때 의미가 있습니다. 프레젠테이션, 회의, 보고, 1대1 대화 등 참석자들의 상호작용이 중요합니다. 말하는 '너'와 듣는 '나'의 작용이 바로 그것입니다. 그러나 가끔 듣는 '나'와 생각하는 '나'의 상호작용이 커지면서 자신과의 대화에 몰두하게 되는 경우가 있습니다.

'진짜로 하고 싶은 이야기는 뭘까? 이게 아닌 것 같은데…'
'음… 이렇게 말해야겠다.'
'나랑 상관없는 건데… 아…'
'저렇게 표현하면 알아듣나?'

내 안의 나와 대화에 몰두하면 밖에서 들어오는 내용에 집중하기 어렵습니다. 상대의 이야기에 집중하면서 참여하는 듣기는 자연스럽게 되는 것이 아니라 노력이 필요합니다. 자신과의 대화를 무조건 단절하라는 것은 아닙니다. 그것은 불가능하기 때문입니다. 외부에서 들어오는 인풋으로 아웃풋을 하게 되고, 생각이 떠오르고 마음이 작동합니다. 자신과의 대화 속도를 조절하고, 떠오르는 생각과 마음의 방향을 전환할 수 있습니다.

업무상 문제 해결이 필요하거나 성장 지원을 위한 대화의 상황에서 리더는 어떻게 들어야 할까요? 어떻게 들어야 구성원과 주거니 받거니 진짜 대화가 될까요?

바로 즉시, 정답을 줄 수 없다면 구성원이 이해한 상황을 듣는 시간이 필요합니다. 경험과 권한이 많은 리더는 구성원보다 생각의 속도가 빠릅니다. 이것은 구성원보다 말의 속도가 빠를 수 있다는 것입니다. 말의 속도를 조절한다는 것은, 입에서 나가는 소리 언어sound language와 몸에서 나가는 몸 언어body language의 타이밍을 한 박자 늦추는 것을 말합니다. 테니스 경기로 생각해 보면, 경기의 시작을 알리는 서브를 리더가 하는 것입니다. 단, 공격형 서브를 하는 것이 아니라 부드럽게 공을 구성원에게 전달한다는 느낌으로 시작을 알리는 것입니다. 그리고 공이 넘어올 때를 기다립니다. 공이 넘어오지 않았는데, 내 마음대로 공의 방향을 예측해서 라켓을 휘두른다면 공을 놓칠 확률이 높아지지 않을까요?

생각과 마음의 방향은 앞보다는 옆을 추천합니다. 테니스 경기로 다시 생각해 보면, 꼭 맞은편에서 경기하듯 할 필요가 없다는 것입니다. 경기를 하게 되면 승부욕이 올라올 수 있습니다. 이기고 싶어집니다. 상대를 압박하게 됩니다. 우리가 공동의 목표를 가지고 대화를 할 때는 플레이어 옆에 코치처럼 같은 방향을 보면서 대화를 하기 위해 방향을 전환합니다. 이때 리더의 듣기는 도움을 주는 듣기입니다. 즉, '지지적 듣기Supportive listening'를 말합니다. 플레이어가 의견을 이야기할 때, 리더는 '생각의 동반자'가 되어 의견을 지지하면서 듣는 것입니다. 리더가 '경험이 더 많기 때

문에', '의사결정을 내려야 하므로', '피드백을 해야 하므로'의 마음
으로 듣기 시작하면 '비판자의 마음Critical listening'으로 듣게 됩니다.

비판적 듣기는 발전적 생각을 꺼내는 데 심리적인 압박감을 만
듭니다.

비판적 듣기는 맥락을 끊습니다.

비판적 듣기는 생각을 차단합니다.

비판적 듣기는 작은 것에 흔들립니다.

리더가 비판을 멈추고 플레이어의 생각에 동행하는 것은 더 좋
은 답을 찾아가기 위한 기본적인 태도입니다. 플레이어의 모든 의

지지적 듣기 vs 비판적 듣기

구분	지지적 듣기	비판적 듣기
개념	• 생각의 동반자 → 발전적 생각의 시작점 • 문제 해결을 위한 호기심의 마음 • 구성원의 생각에 동행하기 위한 질문	• 비판자의 마음 → 생각의 차단 • 중립성을 갖지 못하고 미리 판단 • 구성원의 생각을 차단하는 추궁 질문
질문	• 내가 더 알아야 하는 것은 무엇이 있을까? • 실행을 방해하는 요인은 무엇이 있을까? • 하고 있는 일을 더 가치 있게 만들려면 무엇을 하면 좋을까? • 어떻게 도와주면 좋을까?	• 상황을 제대로 이해한 것 맞나? • 아닌데… 지금 무슨 소리를 하는 거지? • 이게 가능하다면, 지난번에는 왜 안 된 거지? • 담당자를 바꿔야 하나?

견을 지지하고 수용해야 하는 것은 아닙니다. 그렇지 못한 상황이 많다는 것도 알고 있습니다. 그러나 필요합니다. 생각의 시작점부터 의견이 다를 수 있습니다. 중요한 것은 플레이어의 이야기를 들을 때 마음속에 지지자가 있는지 비판자가 있는지를 알아차리는 것입니다. 비판자의 마음으로 들으면 플레이어의 생각에 옳고 그름에만 집중하게 됩니다. 지지자의 마음으로 들으면 생각을 발전시키기 위한 방법을 찾을 수 있습니다.

문서로 커뮤니케이션을 할 때도 오타에 마음을 빼앗기는 순간, 오타와 띄어쓰기, 줄 맞춤에 잘못된 것은 없는지 교정을 하게 됩니다. 눈으로 문서는 봤으나, 내용은 기억이 나지 않습니다. 내용에 대한 의견을 주지 못하고 문서작성법에 대한 피드백을 주게 됩니다. (교정 작업을 하게 만든 보고서에 문제가 없다는 의미는 아닙니다.)

커뮤니케이션 상호작용이 일어날 때는 말하는 사람과 듣는 사람이 공동의 목표를 달성하기 위해 동행하는 마음이었으면 합니다. 그래야 양방향으로 대화가 되지 않을까요?

5

좋은 질문이
좋은 변화를 만듭니다

'인간의 역사를 호기심의 역사'라고 합니다. 인쇄술이 발달하면서 사람들은 글을 통해 지적 호기심을 채우기 시작했습니다. 오늘날은 인터넷 환경이 호기심을 충족시키기에 최적입니다. 엔터만 치면 정확한 답, 다양한 답, 생각하지 못했던 답들을 볼 수 있습니다. 이제는 인공지능 A.I.Artificial Intelligence가 여기저기에 있는 정보들을 모아서 답을 해주는 시대입니다. 호기심을 채우는 '답'도 중요하지만, 변화를 가져오는 '좋은 질문을 할 수 있는 능력'이 더 중요해지고 있습니다.

기업의 경영인들도 좋은 인재의 특성 중 하나를 '호기심'이라고 말합니다. 호기심을 가진 구성원들이 조직을 변화시킨다고 보기 때문입니다. 실제로 하버드 대학교 연구진들이 다양한 기업 구성원 약 3,000명을 대상으로 한 설문 조사에서 '호기심'이 '직업 만족도와 동기부여, 혁신, 성과'를 끌어올린다고 답한 응답자가 전체의 92%에 달했다고 합니다. 호기심은 플레이어들의 참여와 협력을 북돋아 줄 수 있습니다. 불확실성과 압력에 직면했을 때 문제를 창의적으로 해결할 수 있게 함으로써 조직의 회복 탄력성을 강화해 줍니다. 또한 고정관념과 확증편향에 사로잡힐 위험을 낮춤으로써 의사결정 능력을 향상시켜 줍니다. 조직에서 성장하고 성취하는 플레이어가 되기 위해서는 호기심을 가져야 합니다. 그리고 해결을 위한 질문도 해야 합니다. 그렇게 질문과 답이 축적되면 개인도 성장하고 조직도 성장합니다.

질문은 조직에서 어떤 힘을 발휘할까요? 질문은 문제 해결 능력을 높이는 데 도움이 됩니다. 문제를 해결하기 위해서는 우선 무엇이 문제인지부터 알아야 합니다. 문제를 발견했다면 질문을 통해 해결방안을 찾습니다.

"질문이 정답보다 중요하다. 올바른 질문을 찾고 나면, 정답을 찾는 데는 5분도 걸리지 않을 것이다."라는 아인슈타인Albert Einstein 의 명언이나 "질문으로 파고든 사람은 이미 그 문제의 해답을 반쯤 얻는 것과 같다."라는 베이컨Francis Bacon의 말처럼, 질문을 통해 우리는 문제를 '잘' 해결해 낼 수 있습니다.

조직에서 '질문'이 없는 것을 상상해 봅니다. 리더가 구성원에게 질문하지 않고 지시만 한다면 어떤 일이 벌어질까요?

- 모든 것을 세세하게 지시해야 하고 리더가 바빠진다.
- 구성원들의 생각을 알 수 없기 때문에 관계 형성, 신뢰 형성이 어렵다.
- 조직의 발전이 더디다.
- 리더의 생각만큼만 조직이 움직이게 된다.
- 플레이어들을 수동적으로 만든다.

팔로워가 리더에게 질문하지 않는 것도 생각해 봅니다.

- 업무 지시만 기다린다.
- 지시 사항을 놓치지 않기 위해 꼼꼼하게 메모한다. (최근에는 녹음한다.)
- 말수가 적어진다.
- 생각할 필요가 없기 때문에 변화를 위한 주도성을 발휘하지 못하게

된다.

- 모든 것은 리더의 지시에 의한 것이다. 책임질 필요가 없다.

변화 심리학의 최고 권위자이자 동기부여가, 『내 안의 잠든 거인을 깨워라』의 저자인 앤서니 라빈스Anthony Robbins는 "우리가 부딪히는 한계에 대해 제기하는 질문은 삶의 장벽들(비즈니스, 대인관계, 그리고 국가 간의 장벽)을 무너뜨린다. 나는 모든 인간의 진보가 새로운 질문에서 비롯된다고 믿는다."라고 말합니다. 질문의 가치를 온몸으로 체험한 앤서니 라빈스는 매일 자신에게 질문했다고 합니다.

"이 일에서 좋은 점은 무엇인가?"
"내가 이것을 어떻게 기회로 활용할 수 있을까?"

플레이어가 위 질문에 대한 답을 생각하면서 일하면 무엇을 얻을 수 있을까요? 자신이 하는 일의 가치를 발견하고 기회를 만들수 있는 방법을 찾지 않을까요? 또한 조직의 리더가 구성원에게 위 질문을 한다면 어떨까요? 리더의 입장에서는 구성원의 성장에 지속적인 영향력을 발휘할 수 있을 것입니다.

그렇다면, 좋은 질문은 어떤 것일까요? 좋은 질문은 심사숙고의 시간을 가지고 있습니다.

감각적으로 반응하듯 급하게 세상 밖으로 던져지는 질문이 좋은 질문이 아닐 수 있습니다. 논리적인 생각과 지혜로운 생각을 만나기 위해서는 질문도 준비되어야 합니다. 몰라서 물어보는 것이지만 고민하고 질문해야 합니다. 고민 없는 질문은 의미 없는 답을 불러올 수 있습니다. 이것은 질문자나 답변자 모두에게 의미 없는 단어들의 내뱉음이고 시간 낭비가 될 수 있습니다.

좋은 질문은 숙고의 시간을 통해 세상 밖으로 나오지만, 답변자에게도 의미 있는 답을 찾을 수 있도록 숙고할 수 있는 시간이 주어져야 합니다. 업무 현장에서 할 수 있는 심사숙고의 질문은 어떤 것이 있을까요?

"1년 뒤에는 어떻게 성장해 있을까요?"
"작년보다 더 나아진 것은 무엇이며, 내년에 더 나아지게 할 것은 무엇입니까?"
"파트너들이 어떤 별명을 붙여주면, '직장 생활 잘했구나.'라고 생각할 수 있을까요?"
"과거의 내가 지금의 나에게 칭찬해주고 싶은 것이 있다면 그것은 무엇입니까?"

"조직을 떠나게 되면 어떤 사람으로 기억되고 싶은가요?"

조직의 리더가 플레이어와의 커뮤니케이션에서 진정성 있게 이런 질문을 해 준다면 플레이어들은 자신이 중요하게 생각하는 것, 의미 있는 답을 찾기 위해 노력할 것입니다. 단, 무조건적인 즉답을 요구해서는 안 됩니다. 생각보다 답하기 어렵거든요. 정기적인 면담 시간이나 연초나 연말에 리더가 플레이어에게 생각의 시간을 만들어 주는 것은 의미가 있습니다. 그리고 이는 리더의 조직관리 차원에서도 해야 하는 행동입니다.

좋은 질문은 순수한 의도를 가지고 있습니다. 모든 질문은 의도가 있습니다. 정보를 원하거나 상대의 의견이 궁금할 때 질문을 합니다. 또한, 상대와 다른 의견을 가지고 있거나 상대가 틀렸음을 밝히기 위한 질문도 있습니다. 순수한 질문이 아니라 반대의견을 표현하기 위한 질문은 답변자로 하여금 불편한 마음을 갖게 할 수 있으며, 질문자가 원하는 답변도 얻을 수 없습니다. 질문을 하기 전에 질문의 의도가 무엇인지 명확하게 확인하고, 자신의 의도가 몸 언어Body Language로 어떻게 보이는지도 점검해야 합니다.

여기에 두 개의 질문이 있습니다. 질문은 비슷해 보이지만 다른 질문임을 알 수 있습니다.

"비용 인상을 억제하려면 어떤 조치를 해야 하나요?"
"비용 인상을 억제하려면 어떤 조치를 할 수 있다고 생각하시나요?"

첫 번째 질문은 '어떤 조치'에 초점이 맞춰진, 지금까지 해 왔던 비용 인상 억제 방법(how)에 대한 의견을 듣게 될 확률이 높습니다. 두 번째 질문은 어떤가요? 마찬가지로 'how 답변'을 들을 수도 있지만 '할 수 있다고 생각하는가?'에 초점을 맞추게 되면 답변이 달라질 수 있습니다.

마음속에 질문이 올라왔을 때, 그것이 진짜 질문인지 아니면 질문을 가장한 주장을 하고 싶은 것인지 구분할 필요가 있습니다. 질문을 하고 싶은 이유를 생각해 보면, 진짜 질문인지 가짜 질문인지 알 수 있습니다. 가짜 질문은 멈추고, 진짜 질문을 해야 합니다. 질문의 '진짜 여부'를 확인하게 되면 표현법이나 타이밍에 변화를 줄 수 있습니다.

즉각적인 성과를 내야 하는 리더의 질문은 '문제'에 집중합니다. 성찰의 답을 찾는 데 도움을 주는 코치나 멘토의 질문은 '사람'에 집중합니다. 직원을 채용하는 면접관의 질문은 '회사의 가치관과 개인의 가치관의 합'을 찾기 위해 집중합니다.

우연히 면접을 다녀온 친구의 글을 보았습니다. '실망. 그것은 아르바이트의 면접과 다르지 않았다.' 면접관은 어떤 태도로 어떻게 질문했을까요?

자신의 상황과 위치에서 질문의 목적을 가지고 있어야 합니다. 우리가 질문하는 이유는 답을 찾고 싶기 때문입니다.

6

명확한 지시는
'느낌표 네'를 이끌 수 있습니다.

"알겠죠?"

업무를 부여할 때 마무리 멘트로 많이 사용되는 말입니다. 구성원의 답변은 보통 어떻게 나올까요? 일반적으로 "네, 알겠습니다."입니다. 바로 리더가 바라는 답변이기도 합니다. 이때 "네"라는 답변도 상황이나 표정, 억양에 따라 긍정과 부정으로 해석할 수 있습니다.

부정적인 의미가 담긴 "네"는 뒤에 물음표가 있거나 말줄임표가 생략되어 있습니다. 구성원들의 "네?"와 "네…" 뒤에는 무엇이 있을까요?

'아니요. 다시 설명해 주셨으면 좋겠는데…', '어떻게 하라는 거지?', '갑자기 왜? 내가? 지금 꼭 해야 하는 건가?'

이런 생각들이 구성원의 마음속에 있을 수도 있습니다. 이러한 생각을 가지고 "네?"라고 대답하는 것에는 여러 가지 이유가 있습니다.

(1) 놀라서

갑작스러운 지시이기 때문에 엉겁결에 대답합니다. 그리고 자리로 돌아가 다른 업무 일정 등을 확인하면서 대답을 후회합니다.

(2) 권위의 복종

리더가 가지고 있는 권위에 눌려서 혹은 리더의 말이기 때문에 무조건 수용한다거나 부정적 피드백에 대한 두려움 때문에 대답합니다.

(3) 일상적 의무감

이런 일은 비일비재하다고 생각하면서 그냥 수동적인 자세로 반응하는 것입니다.

(4) 권력에 대한 욕구

일을 통해 성장하는 욕구와는 다릅니다. 권력 욕구 기반의 "네"

는 개인적인 힘Power의 크기를 확장시키려는 것입니다. 이러한 "네" 뒤에는 업무가 진행되는 과정의 불편함, 도덕성 등에 문제가 발생할 수도 있으며, 결과가 좋게 나온다고 하더라도 지속적인 선순환 구조를 기대하기 어렵습니다.

그렇다면 긍정적인 의미가 담긴 느낌표가 있는 "네!" 뒤에는 무엇이 있을까요?

리더에 대한 신뢰, 명확한 업무 지시, 업무를 주도적으로 진행할 수 있는 권한, 자신의 생각을 반영시킬 수 있는 능력과 시간 등이 있지 않을까요?

구성원의 긍정적인 "네!"를 위해 리더는 어떻게 하면 좋을까요?

먼저, 리더는 구성원이 나와 생각이 다를 수 있다고 생각합니다. 오랫동안 함께 일했음에 불구하고 왜 이렇게 해왔는가를 경험해 보셨다면 마음과 생각은 다르다고 말씀드립니다. 이심전심以心傳心을 꿈꾸지만 동상이몽同床異夢이 되는 경우입니다.

둘, 리더가 원하는 결과 이미지를 명확하게 설명합니다. 무턱대고 '고객이 원하니까', '위에서 하라고 하니까'의 지시는 안 됩니다. 업무를 부여할 때 '왜 이 일을 해야 하는지'와 '구체적인 방향',

그리고 '전체적인 업무의 흐름', '업무의 범위', '기대사항' 등을 알려줍니다. '아~ 이것을 해야 하는구나.'라는 생각이 들면 구성원들은 흔쾌히 "네!"라고 답할 수 있습니다. 혹여 그 업무가 어려운 것이라 하더라도 리더와 동일한 이미지를 그리고 있다는 확신만 있으면 실행할 수 있게 됩니다. 더불어 약간의 도전적인 업무는 구성원이 성장하는 데 도움이 됩니다.

셋, 이 일의 담당자가 된 이유도 알 수 있게 합니다. 기대하는 결과물에는 업무의 아웃풋도 있지만, 그 일을 담당하는 사람의 기대 모습도 있습니다. 업무를 배분하게 된 이유부터 일을 하게 되었을 때 얻게 되는 지식의 축적, 문제 해결력의 좋아짐, 협업력 강화 등 담당자로서 얻게 되는 이점도 알게 합니다. 새로운 일을 담당하게 되었을 때 미리 설명해도 좋고, 업무 마무리 시점에 확인해도 좋습니다. '아~ 이러한 부분으로 내가 담당자가 되었구나.' 구성원의 가능성이나 기대감도 알려주면 현재의 업무뿐 아니라, 앞으로 하게 되는 업무에도 긍정적인 영향이 있을 것입니다.

넷, 필요한 경우 권한을 위임합니다. 권한을 위임하지 않으면, 리더가 세부사항까지 챙겨야 합니다. 리더가 해야 하는 일과 플레이어가 하는 일을 분리시키기 위해서 권한 위임은 필수입니다. 또한, 상황에 따라서 권한의 범위를 협업하는 부서나 관련자에게 미리 알려준다면 담당자는 권한과 책임을 함께 생각하면서 업무에 몰입할 수 있습니다.

다섯, 지시 사항은 한 번에 하나씩, 일관성이 필요합니다. 한꺼번에 이것저것 지시하면 업무지시에 혼란을 느끼게 되고 업무의 우선순위 결정에 혼란을 줄 수 있습니다. 이것은 구성원의 혼란뿐 아니라 지시하는 리더의 의사결정에도 영향을 주게 됩니다.

여섯, 업무 지시 시점을 확인합니다. 금요일 오후나 퇴근 시간 이후에 하는 업무 지시는 리더 자신에게도 마음의 불편함이 있을 것입니다. 미뤄두고 있다가 업무 지시를 늦게 하는 경우가 없어야 합니다. 또한, 아무리 급하더라도 적절한 업무 지시 시점을 고려합니다. 부득이한 경우에는 구성원에게 충분한 상황 설명을 합니다.

일곱, 업무 지시 마지막에는 확인 질문을 합니다. 단순한 "알겠지?"가 아니라, 궁금하거나 이해가 안 되는 부분이 있는지를 확인하는 것입니다. 또한 업무와 관련해서 추가적으로 질문을 해도 된다는 여지도 남겨 놓습니다.

리더는 책임지는 자리입니다. 책임을 지기 위해서는 정확하게 알고 있어야 합니다. 정확하게 알고 있다는 것은 균형 있는 업무 배분과 명확한 업무 부여로 연결됩니다.

리더십 워크숍 현장에서 만난 팀장님 중에는 구성원의 역량을 지식, 스킬, 태도로 구분하여 기록하고, 구성원에게 설명해 주시는 팀장님이 있었습니다. 업무와 관련된 지식을 가지고 있으면 일을 조금 더 쉽게 시작할 수 있습니다. 스킬 여부에 따라 잘할 수도 있고, 잘하지 못할 수도 있습니다. 내가 파악한 상황과 기대하는 부분을 구성원에게 설명하면서 업무 지시를 한다고 말씀해 주셨을 때 함께 참석했던 팀장님들이 놀랐던 반응이 떠오릅니다.

리더의 업무 부여 태도, 이유, 시점, 방법들로 구성원들의 "네?"는 "네!"로 바뀔 수 있습니다.

7

성과 대화는
지속성이 필요합니다

목표를 세우고 좋은 결과를 만들기 위해 노력하는 것을 성과라고 합니다. 성과를 관리한다는 것은 목표 달성을 했나, 못했나를 확인하는 것이 아니라 목표를 달성해 가는 과정을 점검하는 것입니다. 그래서 성과를 관리하는 것에는 업무 중에, 분기 중에, 연중에 구성원과의 성과 점검 시간이 필요합니다.

성과를 점검하기 위한 대화 시간이 기대되시나요? 목표 달성, 좋은 결과의 상황을 제외하면, 이 시간을 손꼽아 기다리는 경우는 많지 않은 듯합니다. 성과 대화에서 팀장과 팀원 모두가 가지고

있어야 하는 생각은 앞으로 좋은 결과를 만들기 위한 상호 점검의
자리라는 것입니다.

"성과 면담 시간은 혼내려는 자리가 아닙니다. 더 좋은 방법을
찾기 위해서 대화를 하는 것입니다."

약속합니다. 성과 면담 시간은 더 나아지는 방법을 찾기 위한
대화를 하는 시간임을 서로가 확인하고, 이를 위해 만나는 시간을
약속합니다. 성과 대화는 모두에게 중요합니다. 성과를 점검하는
대화는 현재 상황을 점검하고, 앞으로의 상황을 논의하는 자리입
니다. 대화에 집중할 수 있도록 사전에 일정과 장소를 약속합니다.

팀장 스스로와 하는 약속도 필요합니다. 구성원과 만나서 대화
를 하기 전에 어떤 마음으로 임하겠다는 약속을 하는 것입니다.

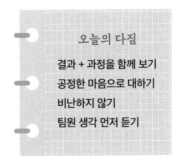

오늘의 다짐

결과 + 과정을 함께 보기
공정한 마음으로 대하기
비난하지 않기
팀원 생각 먼저 듣기

예를 들면 결과에만 함몰되지 않고 그 결과를 만들어 내기 위한 과정에도 집중을 한다는 것, 공정한 마음으로 팀원을 대한다는 것, 비난하지 않는다는 것 등을 다짐하는 것입니다.

약속된 시간을 의미 있게 사용하기 위해서는 준비가 필요합니다. 합의한 목표, 목표 달성을 위한 노력, 그동안 관찰했던 기록 자료 등을 다시 한번 더 점검합니다. 현재까지의 성과에 대해서 팀장이 어떤 관점을 가지고 있는지도 정리합니다. 팀원은 현재 상황을 어떻게 보고 있는지 물어볼 것도 필요합니다.

목표 달성률을 확인하고, 그 과정에는 어떤 노력이 있었고, 어떤 어려움이 있었는지 확인합니다. 내가 생각하는 것과 구성원이 생각하는 것의 차이를 좁히는 자리입니다. 질문과 답, 피드백으로 양방향 대화가 될 수 있도록 합니다. 그렇다면 말의 양은 누가 더 많아야 될까요? 정확하게 숫자로 표현할 수는 없지만, 현상을 파악하고 앞으로의 방향을 이야기하는 것이기 때문에 정량적으로 본다면 팀원의 말이 더 많으면 좋겠습니다.

대화 시간이 불편할 수도 있음을 생각합니다. 아무리 좋게 분위기를 조성하려고 해도 불편할 수 있습니다. 불편해질 수 있음을 아는 것이 중요합니다. 편안한 분위기를 만드는 데 집중하다 보면, 불편한 이야기가 팀원에게 전달되지 못할 수도 있습니다. 생각해보면, 불편한 이야기가 나쁜 이야기는 아닙니다. 불편하지만 필요한 이야기입니다. 업무에 대한 퀄리티, 약속 이행, 목표 달성 등의 업무적인 대화는 슬쩍 넘어가면 안 됩니다. 그것이 오히려 좋지 않은 관계를 형성하게 될 수 있습니다.

성과 대화는 만남의 시간 이후도 중요합니다. 합의된 내용, 확인해야 하는 내용을 정리해서 공유합니다. 이후에는 약속한 것들이 잘 실행되고 있는지 모니터링하고, 상호 피드백하면서 목표 달성을 위한 다음 행동을 합니다.

그래서 성과 대화는 언제 해야 하나요?

"혹시, 연말에만 하고 계신 것은 아니죠?"

구체적인 시기는 달라질 수 있지만, 모든 일에는 전, 중, 후가 있듯이 성과 대화에도 계획 대화, 중간 대화, 평가 대화를 구분해서 생각해 봅니다.

성과 대화	의미	내용(안)
계획 대화	목표를 세우고 세부 계획을 세우는 대화	• 팀의 목표와 개인 목표의 얼라인 • 구체적인 목표 확인 및 합의 • 지원 사항 확인
중간 대화	업무가 진행되고 있는 중에 진행되는 대화	• 업무 성격에 따라 월 기준, 분기 기준 등으로 합의 본 일정에 진행 • 진행 상황에 대한 구체적이고 객관적인 피드백 • 갑작스러운 업무 지시는 업무 지시 이유 및 감사 표현
평가 대화	평가 일정에 따른 대화	• 회고할 수 있는 사전 질문 준비 • 목표 및 결과에 대한 상호 의견 공유 및 의견 차이 줄이기 • 존재감 및 소속감, 안전감을 유지시킬 수 있는 대화

계획 대화는 다음 연도 계획을 세우는 시기에 많이 하게 됩니다. 조직 전체의 목표와 단위 조직의 목표, 개인의 목표가 얼라인되고 합의 보는 과정이 담겨 있습니다. 연중에 새롭게 시작되는 프로젝트 업무가 있다면, 그때도 계획을 세우는 대화가 필요합니다.

업무가 진행되는 중에는 중간 대화가 필요합니다. 업무 성격에 따라 월 기준, 분기 기준 등으로 합의 본 일정에 만날 수 있습니다. 진행 상황에 따라 진행 상태에 대한 구체적이고 객관적인 피드백이 필요합니다. 인정과 칭찬, 조언을 해줄 수 있으며, 갑작스럽게 부여되는 업무가 있다면 관련해서 구체적인 맥락과 담당자로 선정하게 된 이유 등을 설명합니다.

조직마다 평가 일정에 따라 평가 대화를 하는 경우가 있습니다. 분기나 반기를 회고할 수 있는 사전 질문을 준비하고, 상호 의견이 다를 수 있음을 아는 것도 필요합니다. 평가 대화를 하는 것은 의견 차이를 확인하고 갭을 줄이는 시간이기도 합니다. 그 과정에서 서로의 안전감과 소속감을 확인하고 지속시키기 위한 대화도 필요합니다.

조직에서 진행되는 모든 대화는 성과 대화입니다. 우리의 목표를 달성하기 위해 공유하는 자리입니다. 1회성으로 평가자와 피평가자가 성과와 관련된 대화를 '했다'로 끝나는 대화가 아니라 지속성을 가지고 준비되고, 기록되는 일련의 과정입니다.

Part. 5

Conflict

갈등

1

상대방의 신발을 신어보는 용기도 필요합니다

다른 누군가의 신발을 신어본 적이 있으십니까? 관계가 좋은, 혹은 정서적으로 가까운 사람의 신발이라면 모르겠습니다. 안전과 안정이 유지되지 않는 누군가의 신발을 신어야 한다면 꽤나 용기가 필요한 일입니다. 그런 용기가 필요한 상황이 있습니다.

조직 생활에서 경험한 갈등에 대해 물어보면 많은 분들이 내적, 외적 갈등에 대해 말합니다. 간혹 갈등이 없다고 하시는 분들도 있는데, 그럴 때는 확신에 차서 없다고 하는 것이 아니라 "없는 것 같다."라고 표현합니다. 또한 갈등 상황이 있어도 외면하거나 인지하지 못하는 경우도 있습니다.

"갈등이 없는 것 같다."라고 표현하는 것은 (1) 빙산의 보이지 않는 부분처럼 갈등 조짐이 숨겨져 있거나 (2) 모든 상황을 무조건으로 수용하는 경우, (3) 잘못된 상황에서 바로잡기 위해 필요한 커뮤니케이션을 회피하는 경우, (4) 서로에게 무관심하거나 일에 대한 의욕을 상실한 경우, (5) 주변 환경 변화에 둔감한 상황입니다. 갈등이 나쁜 것은 아니지만 감정과 연결되어 있기 때문에 불편한 것은 사실입니다. 업무 현장에서 인간관계의 불편함, 짜증이나 불쾌감을 느꼈던 상황이 있으십니까? 팀원과의 관계에서의 갈등 상황을 떠올려 볼까요?

해야 할 일을 하지 않는 경우	불평불만이 많은 경우	커뮤니케이션 태도의 문제

해야 할 일을 하지 않는 경우가 있습니다.

"할 수 있다.", "알겠다."라고 말하지만 자신이 해야 할 일을 하지 않고 약속을 지키지 않아 주변 사람들이 힘들어지는 경우입니다. 조직에서 진행되는 업무의 대부분은 동료나 타 부서와 연관되어 있습니다. 예를 들어 회의 자료 작성을 위한 자료 취합의 경우, 누군가가 늦게 제출하면 전체 자료 작성은 지연됩니다. 기획부서에서 아무리 좋은 아이디어를 내놓았다고 하더라도 운영부서에서 진행하는 데 무리가 있다거나 협조가 안 되면 그것은 그냥 아이디어로만 머물게 됩니다.

이러한 상황이 반복된다면 어떻게 하면 좋을까요? 반복되는 상황에 대한 대화가 필요합니다. 이때 중요한 것은 사람이 아닌 상황에 초점을 두는 것입니다. '그 사람이 게을러서, 못해서, 몰라서'가 아니라 그런 상황이 발생했다는 것을 대화의 중심에 둡니다. 그리고 비슷한 문제가 발생하지 않도록 사전에 조율하거나 시간 약속 등의 업무 그라운드 룰을 공식적으로 정하는 것이 필요합니다.

불평불만이 많은 경우도 있습니다.

개인과 개인, 부서와 부서의 문제점만 계속해서 제기하고 불평하면서 주변 사람들의 동조를 끌어내는 경우입니다. 불편함에 동의하는 사람들은 문제점에 대해 대화를 할 수 있습니다. 해결을 위한 시간으로 만들면 건강한 대화이지만, 불평의 시간으로 끝나면 정신적인 피로감이 쌓이고, 부정적인 조직문화가 형성될 수 있습니다.

할 수 있는 것에 집중하는 것을 제안합니다. 팀 전체 회의에서 제도나 시스템에 대해 불평한다면 사실적인 상황은 일부 공유될 수 있습니다. 여기에서 필요한 것은 그다음으로 도약하는 것입니다. '그래서 무엇을, 어떻게 하는 것이 좋을까?'를 생각하는 것입니다. 문제 자체에 집중하는 것이 아니라 문제 해결에 집중하도록 대화의 방향을 가지고 가는 것입니다.

커뮤니케이션을 할 때 불쾌감을 느끼게 하는 경우가 있습니다. 자신이 무조건 옳다고 생각하고 강압적으로 주장하거나, 다른 사람이 말을 할 때 부정적인 리액션으로 말을 하고 싶지 않게 만드는 경우입니다. 조직 내에서 이런 상황들이 반복적으로 일어나면 관계적 갈등이 커지게 됩니다. 회의 분위기가 강압적이거나 부정적일 때 어떻게 하십니까? 소통 세미나에서 만난 분 중에는 대립하는 상황이 불편하기 때문에 말하지 않고 그 시간이 빨리 끝나기만을 기다린다고 말씀하는 분들이 많았습니다.

수용하는 척, 모른 척, 피하는 것이 가장 좋은 방법일까요? 만약 팀 구성원이 팀장에게 혹은, 동료 팀원에게 이러한 모습을 보인다면 팀 내 정서적인 불편함이 야기될 것을 생각하면서 당사자에게 태도의 문제를 알려줄 필요가 있습니다. 집중할 것은 태도가 나쁘다가 아니라, 태도로 인해 발생하는 문제점을 공유하는 것입니다. 회의 분위기, 상호 간의 신뢰, 각자의 역할 등에 대해서 생각해 볼 수 있는 것을 알려주는 것입니다.

해야 할 일을 하지 않거나 불평불만을 가진 구성원이 불쾌감을 느끼게 했다면, 팀장님의 마음이 더 이상 불편해지지 않고, 팀원과의 갈등이 되지 않게 셀프 커뮤니케이션이 필요합니다.

팀원과의 갈등 예방을 위한 셀프 커뮤니케이션, 첫 번째는 '멈춤'입니다. 부정적 생각과 감정, 비난과 질책의 행동을 멈춥니다. 마음이 불편한 상황에서 생각은 하는 것이 아니라 하게 됩니다. 스스로 생각을 하는 것 같지만, 주변의 상황과 사람, 평소 자신의 고정관념 혹은 신념으로 인해 생각이 되어집니다. 그래서 제대로 생각하기 위한 '멈춤'이 필요합니다. 멈춤이 잘 안 될 때는 공간을 바꾸거나 휴식을 취하는 것도 방법입니다. 공간과 시간을 바꿀 수 없다면, 크게 호흡을 하는 것도 추천합니다. 단, 깊은 심호흡이 짧은 한숨으로 바뀌는 것은 호흡 당사자나 주변에 있는 모두에게 좋지 않습니다. 나 자신만이 알 수 있도록 호흡을 깊고 느리게 합니다. 인도 요가에서 유래된 쿰바카 호흡법도 추천드립니다.

<쿰바카 호흡법>

1. 왼쪽 콧구멍으로 숨쉬기

왼손으로 오른쪽 콧구멍을 살짝 막고, 왼쪽 콧구멍으로 천천히 숨을 들이쉽니다.

2. 숨 참기

숨을 멈춥니다.

3. 오른쪽 콧구멍으로 숨 내쉬기

왼손을 떼고 오른쪽 콧구멍으로 천천히 숨을 내쉽니다.

두 번째는 '목표 확인'입니다. 커뮤니케이션하는 이유가 무엇인지, 갈등의 원인이 되는 '문제'를 확인합니다. 조직에서의 갈등은 대부분 문제 해결을 위해 시작합니다. 생산적인 갈등이 될 수 있도록 이견을 조율하기 위해서는 '문제'를 봐야 합니다. 우리의 목표와 나의 목표를 확인하고, 목표를 달성하기 위한 좋은 의도에서 시작되었다는 것을 생각합니다. 공동의 목표를 눈에 보이는 곳에 기록해 놓거나, 질문과 답을 통해 재차 확인하는 것도 방법입니다. 목표 달성을 위해 할 것과 하지 말아야 할 것을 사전에 약속으로 정해 놓는 것도 좋은 방법입니다.

세 번째는 '돌아보기'입니다. 부서 회의가 끝난 후에는 회의록을 정리하거나, 개별 면담이 끝난 후에는 정리 메모를 합니다. 하루를 마무리하는 퇴근길에 하는 것도 좋습니다. 정리 메모를 통해 자기 점검을 하는 것은 향후 발생할 수 있는 갈등의 소지를 차단하는 데 도움이 됩니다. 우리의 관점이 아니라 개인적인 관점으로 문제에 접근하지는 않았는지, 우유부단하게 말하거나 단정적으로 말하지는 않았는지, 다른 의견에 대해 부정적인 리액션을 했던 것이 고정관념으로 인한 것은 아니었는지, 상대방을 비난하거나 비판하는 형태로 말하지는 않았는지 생각하면서 자신의 모습을 돌아봅니다. 자신의 불편한 모습이 이미지로 떠올랐다면 다음에는 그 모습을 스스로가 통제할 수 있습니다.

'혹시 오늘 나로 인해 마음의 상처를 받은 팀원이 있을까?'
퇴근 길에 질문으로 하루를 마무리 하신다는 팀장님의 셀프 질문을 공유합니다.

갈등 상황은 누구에게나 어렵습니다. 각자의 역할에서 최선을 다하고 있다는 마음이 필요합니다. 또한, 불편한 대화가 우리의 문제를 해결하기 위한 것임을 생각한다면, 대립이 되는 구조에서도 생산적인 결과물을 만들 수 있습니다.

2

공정한 중재가
부서의 협력을 이끕니다

조직에서 갈등은 일상입니다. 갈등은 크게 '업무 갈등'과 '관계 갈등'으로 나누어집니다. 업무 갈등은 생산적이며 변화를 위해서 필요할 수 있습니다. 그러나 관계 갈등은 협업에 장애가 될 수 있습니다. 관계 갈등은 조직의 변화나 문화에도 부정적인 영향을 미칠 수 있기 때문에 사전에 예방하는 것이 필요합니다. 그럼에도 불구하고 갈등이 발생한다면, 비 온 뒤에 땅이 굳는다는 말처럼 더 단단한 관계로 발전시키는 것이 필요합니다. 이러한 갈등은 개인과 개인에서도 발생하지만 부서 대 부서로 발생할 수도 있습니다.

'피자 두 판의 법칙' 들어보셨는지요? 피자 두 판의 법칙은 아마존Amazon의 창업자 제프 베조스Jeff Bezos가 제시한 팀 구성 원칙입니다. "팀 구성원이나 회의 참가자 수는 피자 두 판으로 전체 인원의 식사를 해결할 만큼의 규모여야 한다."는 것입니다. 즉, 한 팀의 최적의 구성원 수는 피자 두 판으로 충분히 나눠 먹을 수 있는 정도로 7~8명 정도라는 의미입니다.

실제로 팀 구성원이 10명을 넘게 되면 리더의 '직접적인 관리'가 쉽지 않습니다. 구성원 숫자가 많아지면, 파트를 나누고 파트장을 통해 관리하는 경우가 많습니다. 업무 성격에 따라 기획 파트나 운영 파트로 나누거나, 영업 1팀과 영업 2팀처럼 같은 업무지만 지역에 따라 혹은 고객의 특성에 따라 나누기도 합니다. 팀 안에서 소그룹 파트가 서로 협력하면 시너지가 발생하지만, 팀장의 공정성이나 편애에 따라 파트 간의 경쟁이 생기면 갈등이 발생할 수도 있습니다. 또 파트장 간의 입장 차이나 관계에 따라 갈등이 발생할 수도 있습니다.

팀 안에서 갈등이 발생하면 구성원 간 시너지가 발휘되지 못하거나 제 살 깎아 먹는 상황이 벌어질 수 있기 때문에 팀 리더의 갈등 중재는 중요합니다. 기본적으로 팀의 리더라면, 우선적으로 갖

취야 하는 태도가 있습니다. 바로 '공정성'입니다.

아담스J.Stacy. Adams가 제시한 '공정성 이론Equity Theory'에 의하면, 조직 구성원들은 자신의 노력과 보상을 비슷한 일을 하는 다른 사람과 비교합니다. 이는 인간의 기본 심리인 것 같습니다. 조직의 공정성은 '분배 공정성', '과정 공정성', '상호 공정성'의 3가지로 볼 수 있습니다.

첫 번째, '분배 공정성'입니다. '공평하게 분배했는가'입니다. 공평하게 자원과 인정, 보상을 받았는지는 조직 운영에서 중요하게 작동됩니다. 조직의 리더 위치에서 생각해 볼 수 있는 것은 시간과 관심의 배분, 정보의 피드백, 인정의 피드백, 금전적–비금전적인 보상이 있습니다.

두 번째, '과정 공정성'입니다. 의사결정을 하는데 '과정이 공정했는가?'입니다. 파트 간 업무 분량이나 달성 목표를 정하는 데 공정하지 못하면, 파트 간 갈등의 골이 깊어지거나 파트원 간의 문제로까지 확장될 수 있습니다. 이는 팀장의 신뢰에도 영향을 미쳐서 팀장의 편애에 대한 이야기가 나올 수 있습니다. 이는 팀 전체의 업무 구조나 배분에 대한 문제로, 팀 구성원 전체의 공유된 합의점을 가지고 있어야 합니다.

세 번째, '상호 공정성'입니다. 팀 구성원 간 '인간적인 관계가 공정한가?'입니다. 실제로 조직에서 "우리 파트장은 팀장이랑 안 친해서.", "팀장님이랑 너희 파트장은 사이가 안 좋아."라는 이야기가 들리는 경우가 있습니다. 이런 경우가 발생하면, 파트장에 대한 구성원들의 신뢰도가 하락할 수 있고, 반대로 파트만의 동료애가 너무 강해져서 팀장의 조직 관리에 혼란을 야기할 수 있습니다.

팀 내부의 갈등 중재, 어떻게 해야 할까요?

팀 내에서 발생하는 갈등을 원활하게 관리하기 위해서는 리더가 갈등을 조정하고 중재합니다. 뛰어난 리더는 문제를 해결하기 위해 문제를 단순화하는 데 탁월한 능력을 갖추고 있습니다. 2x2 매트릭스는 두 가지 변수를 기준으로 데이터를 분류하고 시각화하여 복잡한 문제를 간단하게 파악하는 데 유용합니다. X축과 Y축에 매출액과 고객만족도, 중요도와 우선순위, 내부요인과 외부요인 등의 요인을 활용할 수 있습니다. 파트 간 갈등 중재를 위해서 매트릭스의 각 축에는 업무의 '긴급성'과 '중요성'을 둡니다.

긴급성과 중요성이 높은 업무는 신속한 의사결정이 필요합니다. 이러한 상황에서는 조율보다는 사실 중심의 보고를 받은 후 팀장의 빠른 의사결정으로 일이 진척되게 합니다. 이때 필요한 것은 사실을 기반으로 팀장의 결정 근거를 구성원들에게 알려주는 것입니다.

긴급하지 않지만 중요한 일, 또는 두 파트장 간의 첨예한 대립이 있는 경우에는 개인별 면담을 진행합니다. 공정성 기준에서 보면 모두 모여서 미팅을 하는 것이 맞겠지만, 대립이 있는 경우에는 불편한 감정이 유발될 수 있기 때문에 개별적으로 이야기를 듣고 조율하는 것이 필요합니다.

긴급하지만 중요성이 약한 업무는 서로 협의(타협)해서 결과를 가져오라고 합니다. 이 상황에서도 팀장이 빠르게 의사결정을 내릴 수 있겠지만, 파트 간 협업을 위해서 문제를 함께 해결하는 시간을 부여하고 기다리는 것이 필요합니다.

마지막으로 긴급하지도 중요하지도 않은 업무라면 시간을 두고 함께 해결할 기회를 줍니다. 긴급하지도 않은 상황에서 팀장의 조바심으로 빠른 해결을 유도하면 그 안에서 경쟁이나 타협이 일어날 수 있습니다. 이 상황에 팀장의 역할은 파트장이 팀 전체를 생각하고 일을 할 수 있도록 관점을 크게 만들어 주는 것입니다.

갈등의 중재 상황에서는 '선택의 딜레마'에 빠지기 쉽습니다. 둘 중 하나를 선택해야 한다는 압박에서 빠져나와야 합니다. 문제를 단순화하면서 새로운 방안을 찾는 것이 필요합니다. 이때, 리더에게는 '기다림의 시간'이 요구됩니다.

3

화를 다스리는 것은
자기 삶에 대한 존중입니다

우리는 '기대'를 가지고 있습니다. 기대가 충족되면 만족감을 느끼고, 상대에게 기대한 이상을 받게 되면 감동합니다. 반대로 기대한 수준에 미치지 못할 때는 실망하거나 불만족하게 됩니다. 기대를 충족하지 못하는 상황이 반복되면 불편한 감정들이 누적됩니다. 문제를 느끼고 '이상하다.', '잘못되었다.'라고 생각하면 불편한 감정이 증폭되면서 화가 납니다. 조직에서 '화'는 기대가 충족되지 않아 상황의 개선이 강하게 필요할 때 나타날 수 있습니다. 그리고 '화'라는 감정이 나쁜 것이라고 생각하여 드러내지 않고 참습니다. 불편한 감정이 숨긴다고 안 보일까요?

"별일도 아닌데 고함을 치고, 대답하면 자꾸 비꼬니까 말하기가 싫어요."

"갑자기 얼굴이 빨개지면서 화를 내요. 엄청 뭐라고 하셨는데 다음 날 미안하다고 하시더라고요. 화를 내는 것보다 다음 날 무턱대고 사과하시는 게 더 이상했어요."

"표정에서 다 보이잖아요. 그냥 솔직히 이야기하면 좋겠는데… 엄청 불편해요."

가슴이 답답하다. 얼굴이 화끈 달아오른다. 항상 피로하다. 머리가 아프다. 잠이 잘 안 온다. 소화가 안 된다. 깜짝깜짝 놀란다. 원인 없이 불안하다. 혹시 일하면서 이런 증상을 경험한 적 있으십니까? 만약 있으시다면, '화병'의 증상을 경험하신 것입니다. 그리고 나도 모르게 구성원에게 화를 냈을 수도 있습니다. 직장인들의 화병은 감정을 제대로 표현하거나 상호 이해를 통해 해결해야 하는데, 그러지 못하고 쌓아두기 때문에 생깁니다. 그리고 직장인들의 화병은 증상이 점점 심해지는 것이 아니라 한 번에 쏟아져 나온다는 연구 결과가 있습니다. 잘 지내고 있다고 생각했는데 갑자기 부정적인 감정이 폭발하게 되는 것입니다. 직장에서는 화를 무조건 참아도 안 되고 화를 너무 표현해서도 안 됩니다.

'화'는 누구나 느낄 수 있는 자연스러운 감정입니다. 화나는 이유를 정확하게 알고 있다면, 큰소리로 호통치거나 비난하는 것이 아니라 화의 원인을 상대방에게 정확하게 인지시키고 문제 해결에 집중할 수 있습니다.

사람은 누구나 불안의 위협에서 자기 자신을 보호하기 위해 선택하는 행동, 방어기제를 가지고 있습니다. 이를 성숙한 것과 성숙하지 않은 것으로 나누는데, 우리에게 필요한 것은 성숙한 방어기제입니다. '성숙한 방어기제'란, 불쾌한 상황에 부딪히더라도 심각한 상황으로 몰아가는 일 없이 긍정적으로 전환할 수 있는 능력입니다. '성인발달연구'로 유명한 하버드 대학의 조지 베일런트 George Eman Vaillant 교수는 직장인의 '화'에 대한 연구를 통해 재미있는 결과를 발표했습니다.

첫째, 화를 자주 내는 사람은 다른 동료들에 비해 빨리 승진한다.
둘째, 직장에서 실망과 좌절감을 억누른 사람들은 승진하지 못할 가능성이 3배나 높다.
셋째, 자신의 의견을 강하게 내세울 때는 감정을 억제하는 것이 중요하다.

인간의 감정을 연구하는 학자들도 '화'와 같은 부정적인 감정은 생존을 위해 매우 중요하다고 말합니다. 감정은 제대로 표현하는 것이 중요한데, 화가 났을 때는 화를 억누르는 '무조건적인 자기 제어'보다 화가 난 것을 표현하되 이유를 상대방이 알 수 있도록 설명합니다.

화를 제대로 내는 방법은 생각보다 쉽습니다. 화를 낼 만한 것인지 파악하고, 화가 난다면, 어떻게 낼 것인지 선택하면 됩니다. 성숙한 모습으로 화를 제대로 내는 방법을 공유합니다.

- 흥분하면서 말을 시작하지 않는다.
- 일방적으로 말하지 않는다. 상대도 말할 수 있게 한다.
- 단정적으로 말하지 않는다.
- 장소를 바꾼다.
- 화가 났다는 것을 솔직하게 말로 표현한다.
- 사람을 공격하고 비난하는 것이 아니라 문제에 초점을 맞춘다.
- 욱했을 때 바로 나오는 말을 참는다.

리더가 화를 내면 '권력'을 사용하는 것으로 보이기도 합니다. 혹시 내가 가지고 있는 힘Power이 더 크다고 생각해서 화를 내고 있지는 않은지, 더 큰 힘으로부터 화를 받고 그것을 풀기 위해 화를 내리는 것은 아닌지 생각합니다. 감정은 전이됩니다. 내가 낸 '화'가 우리 조직의 부정적인 문화를 형성하거나 다시 나에게로 돌아올 수 있음을 기억합니다.

조직에서 리더나 파트너가 '화'를 잘 표현하면 좋겠지만 그렇지 않은 경우도 많습니다. 상대가 화를 내는 상황이 유쾌하지는 않지만 무조건 피하거나 침묵으로 버티는 것은 정답이 아닙니다. 부탁하는 방법이 있으면 거절하는 방법도 있듯 상대가 '화'가 났을 때 그것을 어떻게 받을 것인지 생각해 보는 것도 사회적 관계에서 필요합니다.

조직에서 상대가 화를 내는 것은 '상대방과 나의 입장 차이'에서 오는 것입니다. 상대가 나의 역할에 기대하는 것이 무엇인지, 내가 충족시킨 것과 충족시키지 못한 것이 무엇인지를 알아야 합니다. 기대에 미치지 못해 불만족이 생겼다는 것을 알게 되면, 상대의 '화'를 단순한 감정의 표출로만 생각하지 않을 수 있습니다. 나를 싫어해서가 아니라 나의 역할에서 '앞으로 기억해야 할 중요한 피드백'임을 알게 됩니다.

화를 잘 받기 위해 준비해야 하는 것은 상대가 화가 난 이유를 파악하는 것입니다. 기대하지 않았던 상황, 관점, 표현법 등 그 이유는 다양합니다. 원인을 알게 되면 상대가 화를 내도 감정이 아닌, 내용에 집중할 수 있게 됩니다. 상대방이 늘 옳은 것은 아니지만, 평소 기대하는 사항을 파악하지 못하면 계속 부딪힐 수 있습니다. 상대를 이해하는 기회의 시간이라고 생각하면 듣는 데 조금 더 집중할 수 있고 상대의 진심을 알게 되는 시간이 될 수 있습니다.

다음은 '자신의 몸 언어Body Language에 관심을 갖습니다. 일부러 표정이나 눈빛, 행동을 부정적으로 표현하지 않습니다. 부정적으로 듣고 있는 것을 상대가 알아차리는 순간, 화가 더 커질 수 있습니다. 인간은 자신을 직접 눈으로 보지 않아도 자신의 현재 상황을 볼 수 있습니다. 자기도 모르게 행동한 것을 상대방이 부정적으로 해석하는 순간 화는 커질 수 있습니다. 중립적인 태도로 잘 듣고 있다고 표현하면 상대의 화를 작게 만드는 데 도움이 됩니다.

마지막으로, 화를 받은 이후에는 자신의 행동을 컨트롤합니다. 커뮤니케이션이 끝난 후에도 불편한 감정이 남아 있는 경우가 있습니다. 그때 해야 하는 행동은 '불편한 감정이 올라왔구나.'라고 자신의 마음 상태를 인정하는 것입니다. 그러면 마음을 정리하는

데 도움이 됩니다. 또한, 화를 낸 상대를 피하거나 다른 동료들에게 불쾌했던 상황을 확장, 공유해서 조직 전체의 분위기를 나쁘게 만들지 않습니다. 개인의 마음 건강은 조직의 건강으로 전이됩니다. 화를 내거나 받을 때의 언행은 조직에서 평판이 됩니다.

모든 감정은 다 이유가 있습니다.
모든 감정은 생존이자 자기 보호입니다.
감정은 건강하게 표현하는 것이 필요합니다.

4

감정을 이해하면
사람을 이해할 수 있습니다

인간은 기본적으로 합리적이지 않습니다. 일할 때 논리적으로 결정하고 이성적으로 실행하려고 노력하지만, 감정이라는 친구가 동행합니다. 혹은 감정이 선행지수처럼 먼저 발생하기도 합니다. 중요한 것은 감성과 이성의 균형을 잡는 것입니다.

일을 잘한다는 것은 원하는 모습(To-Be)을 위해 현재(As-Is)의 모습을 분석하고 행동(Do)하는 것입니다. 이를 위해서는 '분석적 사고' 와 '이성적 사고'를 사용합니다. 그렇게 되면 자연스럽게 감성이라는 단어와는 멀리 있다고 느껴집니다. 멀어진다고 해서 사라지는 것은 아닙니다.

업무 현장에서 감정을 드러내는 것은 전문가답지 못하다고 생각하는 경우가 많습니다. 하지만 잘 생각해 보면 비싼 물건을 구입할 때 이성적으로 비교 분석하지만 결국엔 좋으니까 선택합니다. 조직에서 진행되는 의사결정도 마찬가지입니다. 문제 해결 및 변화를 위해 여러 가지 상황을 논리적으로 분석하지만, 결국 마음이 끌리는 쪽으로 방향을 설정하게 됩니다. 그 후에 합리적인 선택이었음을 보여주기 위해 실행합니다. 감정의 선택을 이성적 행동으로 옮기는 것입니다.

도대체 감정이란 무엇일까요? '감정'에 대한 연구는 1990년대 말부터 부각됩니다. 한국에서는 2010년대 접어들면서 감정에 대한 관심이 폭넓게 확장되었고, 현재 감정은 중요한 학문적 의제가 되고 있습니다. 감정이 뇌에서 발생하는 것인지, 심장에서 발생하는 것인지에 대한 연구부터 감정의 분류, 표현 방법, 동서양의 차이까지 다양합니다. 중요한 것은 감정에 대한 연구가 계속될수록 감정이 사람들에게 미치는 영향이 매우 크다는 것을 알게 된다는 것입니다. 감정이란 무엇일까요?

감정이란?

- 인간을 성장하게 만들어 주는 것

- 감각을 통해서 느낄 수 있는 것

- 생각을 통해서 조절이 가능한 것

감정은 인간을 성장하게 만들어 줍니다. 진화론적 감정 연구에 의하면, 세상에 태어난 아이가 3개월이 지나면 기쁨을 느끼고 그 이후에는 분노를 느낄 수 있다고 합니다. 인류와 함께 진화된 감정은 환경 속에서 적응과 생존을 위한 행동으로 발현됩니다. 예를 들어, 사람들은 발표하기 전 '불안감'이 생깁니다. 불안감은 '발표를 잘하고 싶다.'에서 생기는 감정입니다. 이로 인해 준비를 많이 하게 되는 것입니다. 불안감의 극복은 발표를 잘하게 만들고 자신감을 형성하게 되면서 플레이어의 성장에 영향을 줍니다.

감정은 감각을 통해서 느끼게 됩니다. 몸과 마음은 연결되어 있습니다. 긍정적인 감정을 느끼게 되면 얼굴에 미소가 올라오거나 눈빛이 편안해집니다. 반대로 마음이 불편한 경우에는 목과 어깨가 뻣뻣해지고 호흡이 가빠지는 등 몸의 반응을 통해 스트레스가 올라오는 것을 알 수 있습니다.

'의사결정의 피로감'이라는 것이 있습니다. 의사결정을 할 때 에너지를 사용하게 되는데, 몸이 지쳐 있으면 중요한 의사결정 자체를 포기하게 된다고 합니다. 그래서 신중한 의사결정을 해야 할 때는 몸과 마음이 편안해야 합니다. 중요한 결정을 하기 전에는 밥을 먹으라는 선배들의 조언과도 일맥상통하는 것 아닐까요? 의사결정을 감정적으로 하지 않기 위해 자신의 감정 상태를 점검하는 것이 필요합니다. 이를 위해 몸의 감각을 살펴보는 것도 하나의 방법입니다.

감정은 생각을 통해서 조절 가능합니다. 자신도 모르게 순간적으로 올라오는 분노, 북받쳐 오르는 슬픔, 환희에 찬 기쁨의 표현을 조절할 수 있습니다. 감정은 짧은 순간에 만들어지는데, 감정이 발생했을 때, 어떤 선택을 하느냐에 영향을 받습니다. 발생한 감정을 지속시킬 수도 있고, 증폭된 감정을 진화할 수도 있습니다. 반대로 작은 감정이 극대화되고, 그것을 행동으로 꺼낼 수도 있습니다.

좋은 감정과 나쁜 감정으로 나누지 않습니다. 중요한 것은 상황에 따라 감정들이 긍정적 혹은 부정적 영향력을 발휘할 수 있다는 것을 아는 것입니다. 이러한 감정의 발생은 개인적인 것으로 끝나지 않고, 조직 안에서 유기체처럼 연결되고 끊어지면서 조직의 문화 형성에 영향을 줍니다.

기본적으로 느끼는 인간의 감정을 희로애락喜怒哀樂으로 설명합니다. 기쁨의 희喜, 분노의 노怒, 슬픔의 애哀, 즐거움의 락樂이 그것입니다. 또한 진화론적으로는 찰스 다윈이 1872년에 발표한 『인간과 동물의 감정 표현에 대하여』에서 빅 식스Big six라고 불리는 인간의 기본 감정을 기쁨, 놀라움, 슬픔, 두려움, 혐오, 분노로 설명합니다. 인간의 기본 감정 분류는 어느 학자나 비슷한 것 같습니다.

평소에 어떤 감정들을 자주 접하시나요? 직장 생활에서 가장 많이 만나는 감정, 혹은 이번 주에 가장 많이 만난 감정은 무엇인가요? 자신의 감정을 알아차리는 것이 자기 조절의 시작입니다.

인간이 느끼는 가장 오래된 감정은 불안(두려움)이라고 합니다. '불안'은 좋다, 나쁘다의 개념이 아닙니다. 불안과 두려움은 '생존'과 연결되어 있으며 이로 인해 인간은 계속 진화하고 발전된 삶을 살게 됩니다.

하버드 대학교 경영대학원 석좌교수인 존 코터Kotter, J. P.는 변화 관리를 수행하여 성공하거나 실패한 100여 개의 회사들을 집중 분석해서 8가지 변화 원인을 규명했습니다. 이를 바탕으로 조직의 성공적인 변화를 위한 실행을 8단계로 제시했습니다. 변화관리 8 단계 모델에서 첫 번째 단계는 '위기감 조성'입니다. 위기의 실상을 보여주고 무엇인가 해야 한다는 분위기를 조성하는 것. 바로 인간에게 아주 오랫동안 유지되고 있는 두려움이라는 감정을 통해 긴장감을 조성하는 것으로 설득하라는 것입니다. 인간의 불안과 두려움은 행동과 연결되어 있습니다.

SNSSocial Networking Service에서 감정에 대해 조사한 결과를 보았습니다.

회사에서 자주 느끼는 감정은 무엇입니까?

긍정적인 감정으로는 일하면서 느끼는 재미, 보람, 성취감, 자부심 등이 나왔으며, 부정적인 감정으로는 실패에 대한 불안과 긴장, 짜증, 우울감 등이 있다는 것을 확인하게 됐습니다. 직장인이라면 한 번쯤 경험해 본 감정들이 아닐까요?

동료나 리더가 감정을 얼마나 알아준다고 생각하십니까?

답변 내용은 '알아도 공감하지 않는다.', '너무 바빠서 신경 써줄 겨를이 없는 듯하다.', '내 감정 상태가 나쁠 때만 신경 써주는 것 같다.'라는 의견이 있었습니다. 또한 직장인들은 대부분의 감정을 표현하지 않으려고 노력한다고 합니다. 그래서 이런 질문도 나온 것이겠지요?

감정을 숨기는 이유는 무엇입니까?

공유된 답변으로는 '상황이 더 악화될 것 같아서', '괜한 오해를 받기 싫어서', '불이익을 당할 것 같아서'라는 답변이 많은 생각을 하게 합니다.

우리는 사람이기 때문에 감정을 느낍니다. 그리고 감정은 자신 안에만 존재하는 것이 아니라 주변 사람과 교류하게 됩니다. 그렇다면 긍정적인 감정은 서로 나눌 필요가 있으며, 부정적인 감정은 조직 분위기 침체로 이어지지 않게 하는 것이 중요하지 않을까요?

자신의 감정과 상대의 감정을 읽는 능력은 조직의 모든 구성원에게 꼭 필요합니다. 자신의 감정 상태가 확장되거나 함께 일하는 파트너에게 전이되었을 때 발생할 수 있는 상황을 시뮬레이션 할 수 있다면 감정 표현에 변화를 줄 수 있습니다.

유능한 리더나 지혜로운 플레이어라면 조직의 문제를 해결할 때 감정을 배제하는 것이 아니라 자신과 상대의 감정을 인지하고,

이로 인해 발생할 수 있는 갈등이나 변화에 효과적으로 대처할 수
있는 방법을 찾습니다.

5

협업의 시작은
공유입니다

목표한 성과를 달성하기 위해 조직에서는 협업합니다. 부서 간,
개인 간 협업을 통해 결과물을 만듭니다. 조직 커뮤니케이션에서
중요한 것은 업무 수행의 파트너들이 원활한 커뮤니케이션을 하
고, 이를 통해 목표를 달성하는 것입니다. 여기에서 공동의 목표
를 달성하기 위해 커뮤니케이션에 참여한 플레이어들의 역할이
매우 중요하며 각자 자신의 생각과 감정, 경험 등을 가지고 커뮤니
케이션에 임합니다.

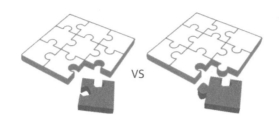

조직에서 비전 달성과 목표 달성을 표현할 때 퍼즐 이미지를 예시로 드는 경우가 많습니다.

"우리는 함께 퍼즐을 맞추려고 합니다."
"우리는 이런 모습의 퍼즐을 함께 맞추려고 합니다."

조직 구성원들은 비전에 대한 그림이나 퍼즐의 밑그림이 명확할수록 전체 이미지를 쉽게 떠올리면서 움직이게 됩니다. 명확하지 않으면 어떻게 될까요? 구성원 개인이 생각하는 예쁜 그림을 각자 그리게 됩니다. 개개인은 분명 최선을 다할 것입니다. 구성원 모두가 최선을 다해 예쁜 그림을 그렸으나 팀으로서 완성도가 떨어지면, 버려지거나 다른 그림을 추가로 덧그리게 되는 경우가 발생합니다. 그래서 조직 커뮤니케이션에서는 전체를 위한 '공유'가 우선되어야 합니다. 조직이라는 큰 그림 안에서 구성원 개인의 영역이 있는 것입니다. 이것은 협업과 분업이 다르다는 것을 의미

합니다. 조직에서는 구성원 개개인이 각자의 업무를 하는 것 같지만, 사실 이 모든 것은 연결되어 있기 때문에 분업에 머무르지 않고, 협업이 필요합니다.

업무의 효과와 성과를 올리는 과정에서 신뢰를 얻으려면 목적과 역할, 과정에 대한 공유가 필요합니다. 우리가 만나서 무엇을 하려는 것인지, 과정은 어떻게 진행되는지 등의 공유가 업무 수행에 영향을 미치기 때문입니다. 조직 커뮤니케이션에서 목적과 역할, 과정의 공유는 기본 전제 사항입니다.

첫 번째로, 목적이 공유되어야 합니다. 파트너들이 회의를 하는데 목적이 공유되지 않으면 원활한 회의 진행이 되지 않습니다. 실제로 뚜렷한 목적이 공유되지 않아서 각자의 생각을 말하는 것에만 시간을 소요하는 경우를 많이 봅니다. 최종 결과물에 대해 누군가는 동그라미를 생각했는데, 누군가는 사각형을 생각하면서 참석하는 상황이 벌어지면 최종 결과 이미지를 재확인하는 시간이 소요되어 전체적으로 시간이 부족해질 수 있습니다.

또한 회의에 참석하는 상황에서 누군가는 아이디어 모음 차원으로 다양한 생각을 가지고 참석하고, 누군가는 앞으로의 수행 일정을 체크하기 위해 참석한다면 어떻게 될까요? 이는 회의를 주최하는 사람 혹은 부서에 대한 불만으로 갈등을 유발시키며 회의에 대한 회의감을 만들 수 있습니다. 결과 이미지를 포함한 회의의 목적이 정확하게 공유되는 것은 조직 커뮤니케이션에서 중요합니다.

두 번째는, 서로의 역할이 공유되어야 합니다. 조직에서 리더가되면, 가장 먼저 해야 하는 것이 자신이 리더라는 것을 인식하고리더로서 어떤 역할을 할 것인지 생각하는 것입니다. 함께 일을 할때도 마찬가지입니다. 회의를 진행할 때, 자신이 진행자인지 발표자인지 알아야 합니다. 이처럼 역할이 명확해지면 대신 참석하거나 꼭 필요하지 않은 구성원이 참석하는 것을 사전에 방지할 수 있으며 역할에 맞추어 커뮤니케이션을 준비할 수 있게 됩니다.

세 번째는, 과정이 공유되어야 합니다. 과정의 공유는 기준 설정과 같습니다. 과정의 공유 없이 일하다가 일정 등의 문제가 발생하면 '남 탓'을 하는 상황이 벌어질 수 있습니다. 그리고 여기에서 하는 '탓'의 기준점은 공식적인 것이 아닌 개인적인 것이 됩니다.

협업 시 전체 과정이 공유되면 협업 대상자들은 안정감을 가지고 일할 수 있습니다. 일정에 맞춰 시간 관리를 할 수 있으며, 다음 단계를 생각하면서 일할 수 있기 때문에 협업의 방향을 잘 지킬 수 있게 됩니다. 이는 업무 완성도에 대한 책임감까지 높이게 됩니다.

목적이나 역할, 과정이 공유된다는 것은 팀이나 조직, 즉 우리의 문제 해결을 위한 원활한 커뮤니케이션이 시작됨을 말합니다.

6

떠나는 사람이 남기는 이야기가
조직의 미래를 만듭니다

"시간 괜찮으세요? 드릴 말씀 있습니다."

"혹시 오후에 잠시 면담 가능하신가요?"

다음에 어떤 말이 나올까요?

"그만두겠습니다."

곧 그만둘 것 같다고 생각했던 플레이어도 있고, 전혀 생각하지도 못했던 플레이어일 수도 있습니다. 플레이어가 그만두겠다고 면담을 요청했을 때, 어떻게 하십니까?

"마음 결정을 끝낸 직원은 잡지 않습니다."

"무엇이 힘들었는지, 어디로 가는지 물어봅니다."

"무조건 안 된다고, 다시 생각하라고 합니다."

상황에 따라 혹은 구성원에 따라 답변은 다양하게 나올 수 있습니다. 중요한 것은 리더의 자리에서 구성원이 조직을 떠나겠다고 할 때, 어떤 대화를 하는가에 따라 이후 상황이 달라질 수 있습니다. 나와 당사자의 관계, 나와 남아 있는 구성원과의 관계, 나와 상사와의 관계의 시간에 영향을 줍니다.

- 퇴사 의지가 강하지 않았는데 면담을 통해 퇴사 의지를 강하게 만들 수 있습니다.
- 면담자가 면담 내용을 다른 구성원들과 공유하면서 나머지 구성원들의 태도에 영향을 미칠 수도 있습니다.
- 퇴사 예정자의 인수인계 태도에 영향을 주게 됩니다.
- 조직의 진짜 문제를 찾을 수 있습니다.
- 문제 발견 및 해결로 퇴사를 하지 않게 되거나 조직을 떠나도 좋은 관계를 유지할 수 있습니다
- 구성원의 퇴사 면담 내용이나 결과를 통해 조직으로부터 관리 능력을 평가받게 됩니다.

인재 채용이 쉽지 않습니다. 신입사원 공채보다 경력자 채용이 더 많아지고 있습니다. 조직의 문화를 익히고 성과를 만들어 내는 플레이어가 조직을 떠나겠다고 선언하는 것은 리더가 많은 생각을 하게 만듭니다. 조직의 리더라면 퇴사 면담 요청이 오기 전, 우선적으로 생각 해 봐야 할 것이 있습니다.

"우리 구성원들이 조직에 남아 있는 이유는 무엇일까?"
"만약 조직을 떠난다면, 그 이유는 무엇일까?"

이러한 질문을 구성원들과의 평소 면담 시 활용합니다. 조직의 강점과 약점을 구성원의 생각으로 미리 파악해 놓는 것입니다. 질문은 구성원들의 생각을 확인하는 데도 도움이 되고, 조직관리 차원으로 해야 하는 것과 하지 말아야 하는 것을 발견하는 데 도움이 됩니다.

퇴사를 선언하는 구성원과의 면담은 어떻게 해야 할까요?

즉시 수락하지 않습니다. 구성원의 퇴사 선언은 하루아침에 결정된 것이 아닙니다. 오랜 시간 동안 고민했을 것입니다. 이런 고민의 시간을 인정해 주는 것이 필요합니다. 이것은 구성원에 대한 존중입니다.

"그래 알았어. 고민 많이 해서 이야기하는 것일 테니 내가 받아들여야겠지요? 언제까지 나올 생각인가요?"

리더의 즉각적인 이러한 반응은 떠나려는 구성원에게 섭섭함을 주고, 남아 있는 구성원들에게는 사람을 중요하지 않게 생각하는 리더로 판단하는 여지를 줄 수 있습니다.

퇴사 결정 이유를 물어봅니다. 퇴사하는 이유는 여러 가지입니다. 정직하게 답변하는 경우도 있겠지만 말하지 않는 경우도 있습니다. 어떤 대답을 하느냐는 구성원의 선택이지만, 리더의 입장에서는 알아야 할 이유가 있습니다.

"퇴사를 결정하게 된 이유가 무엇인지 물어봐도 될까요?"

바로 조직의 진짜 문제를 알게 되거나 앞으로 발생할 수 있는 문제의 대안을 발견하는 데 도움이 되기 때문입니다.

지금까지의 조직 생활과 업무 경험을 물어봅니다. 조직에 대한 '긍정적인 경험을 탐색할 수 있는 질문'을 합니다. 힘들었던 상황이 아니라 조직에 입사한 이유, 기억에 남는 최상의 경험, 일하면서 배운 것, 조직 구성원들과 좋았던 기억을 물어봅니다. 이런 질문을 하는 이유는 조직에 대해 좋은 기억을 할 수 있도록 도와주기 때문입니다. 퇴사 여부를 떠나 관계를 길게 본다면, 면담을 통해 좋은 기억을 꺼낼 수 있도록 도와줍니다.

조언해도 되는지 물어봅니다. 조직을 떠나 사업을 하건 이직을 하건 구성원은 지금보다 더 나아지기 위해 퇴사를 선택한 것입니다. 그 마음을 안다면 더 나은 미래를 준비할 수 있도록 조언합니다. 간혹 경험이 많은 리더들은 '현실 가능성'이나 '발생 가능한 문제점'에 대한 자신의 견해를 이야기하는 경우가 있습니다. '미래에 대한 경청자'가 되는 것이 우선입니다. 플레이어의 이야기를 들은 다음, 조언을 해도 되는지 물어보고 원한다면 의견을 말합니다. 원하지 않는 조언은 잔소리로 탈바꿈하는 경우가 많습니다. 잔소리는 하는 사람과 듣는 사람 모두에게 도움이 되지 않습니다.

리더는 퇴사를 선언한 플레이어와의 면담에서 조직을 떠나느냐 남느냐의 문제 해결적 접근을 하게 됩니다. 문제 해결식 면담은 두 사람 모두에게 후회를 남길 수 있습니다. 그렇기 때문에 면담 이후에 만들어지는 '관계의 시간'이 중요하다는 것을 잊어서는 안 됩니다.

플레이어의 퇴사는 퇴사 당사자와 리더, 남아 있는 구성원을 비롯하여 조직 전체로 봤을 때 큰 이슈를 남기게 됩니다. 절대로 쿨하게 구성원을 떠나보내지 않으셨으면 좋겠습니다. 그것은 퇴사 예정자와의 '단절'을 가지고 올 가능성이 있습니다. 지혜로운 리더는 관계를 먼저 끊어내지 않습니다.

Epilogue

아름다운
공동체

조직은 살아있는 유기체와 같습니다. 서로 다른 개체들이 조화롭게 살아가는 숲으로 표현되기도 하고, 다양한 식물들이 조화롭게 어우러지는 정원으로 표현하기도 합니다. 살아있는 개인들이 모여 확장된 새로움을 만들어 냅니다. 내가 소속되어 있는 조직이 아름다웠으면 좋겠습니다. '아름답다'라는 말의 어원은 명확하게 밝혀지지는 않았습니다. 제가 사람들을 통해 알게 된 '아름답다'는 '아我답다'입니다.

아는 만큼 보인다.

'알고 있을 만한 가치가 있다.' 또는 '아는 것이 즐겁다.'라는 의미에서 발전한 '아름답다'입니다. 아름답다는 것이 눈에 보이는 아름다움을 넘어, 내면적인 가치와 지혜를 포함합니다.

두 팔로 감싸안는다.

너그럽게 감싸는 포용의 마음을 생각해 볼 수 있는 '아름답다'입니다. 나와 같지 않은 누군가를 나와 같게 포용한다고 생각할 수 있습니다. 포용력은 모두가 존중받을 권리가 있음을 알고 행동하는 것입니다.

진정성 있다.

자신의 본질과 가치를 이해하고, 인정하고 표현하는 '아름답다'입니다. 내가 나다울 때 가장 아름답습니다. 타인의 인정에 의지하지 않고, 자기 내면의 인정이 필요합니다. 자신의 생각과 감정을 성찰하고 온전한 자신을 공유하는 것입니다.

아름답기 위해서는

더 알고, 깊게 알고, 다르게 알기 위한 노력의 시간이 필요합니다.

포용하기 위해 다름을 인정하고 귀하게 여기는 마음이 필요합니다.

새로운 환경에서 자신을 실험하면서 진짜 자신을 찾아보는 용기가 필요합니다.

아름다운 리더는 조직을 아름답게 만들 수 있습니다. 구성원들과 함께 조직의 문화를 형성하고, 구성원의 잠재력을 이끌어 내며, 변화의 여정을 함께하게 됩니다. 그 과정이 아름답기를 기대합니다. 그로 인해 만들어진 조직, 성과, 개인의 성장이 나답고, 우리답고, 지속성이 있기를 응원합니다.